阅读成就思想……

Read to Achieve

区块链数字货币投资指南

李涛 丹华 邬烈瀚 ◎ 著

中国人民大学出版社
· 北京 ·

图书在版编目（CIP）数据

区块链数字货币投资指南 / 李涛，丹华，邬烈瀚著．—北京：中国人民大学出版社，2017.6
ISBN 978-7-300-23928-6

Ⅰ.①区… Ⅱ.①李… ②丹… ③邬… Ⅲ.①电子商务—电子支付—支付方式 Ⅳ.① F713.361.3

中国版本图书馆 CIP 数据核字（2017）第 007955 号

区块链数字货币投资指南
李　涛　丹　华　邬烈瀚　著
Qukuailian Shuzi Huobi Touzi Zhinan

出版发行	中国人民大学出版社			
社　　址	北京中关村大街 31 号		邮政编码	100080
电　　话	010-62511242（总编室）		010-62511770（质管部）	
	010-82501766（邮购部）		010-62514148（门市部）	
	010-62515195（发行公司）		010-62515275（盗版举报）	
网　　址	http://www.crup.com.cn			
	http://www.ttrnet.com（人大教研网）			
经　　销	新华书店			
印　　刷	北京联兴盛业印刷股份有限公司			
规　　格	155mm×230mm　16 开本		版　次	2017 年 6 月第 1 版
印　　张	15　插页 2		印　次	2020 年 11 月第 7 次印刷
字　　数	197 400		定　价	65.00 元

版权所有　　　侵权必究　　　印装差错　　　负责调换

前　言

区块链技术和数字货币如今已经席卷全球。从美联储到我国央行，从 IBM 到高盛公司，从政府官员到艺术家，都在试图了解区块链，都在积极研究数字货币。每年都有无数相关的创业项目获得巨额投资，每周都有新的论文和白皮书发布。就在我们成稿的 2016 年 10 月，我国发布了《中国区块链技术和应用发展白皮书（2016）》，国务院也将区块链技术写进了"十三五"规划。

从 2009 年比特币诞生开始，8 年时间已经过去了。基于区块链技术的数字货币已经发展壮大，成为一个独特的资产类别，越来越多的人开始关注、投资和交易数字货币。本书正是在基于区块链技术的数字货币投资热情日渐升温的背景下应运而生的，希望对那些关注区块链和数字货币的读者有所帮助。我们撰写本书的目的是要为零基础的数字货币投资者提供实用的投资指导。

首先，本书所涵盖的数字货币投资知识比较全面。不仅介绍了数字货币和比特币的基础知识，还有大量具体细致的实战指导。此外，还有两章专门讨论基于数字货币的数字资产，以及相关的理财产品。

其次，本书也提供了深入的研究视角。在业内首次提出了一个完整的数字货币投资框架，该框架包含网络效应、情绪周期和时间演变三个要素，可以帮助读者在成百上千种数字货币中挑选出未来赢家，判断投资时点。数字货币是如此与众不同，这意味着投资者要承受与众不同的投资风险。

最后，针对数字货币特有的投资风险，进行全面的讨论和分析。

总之，不论你是听说过比特币的新手，还是混迹于币圈已久的老兵，本书都将帮助你成为一个更理性的数字货币投资者。

在撰写本书的过程中，李涛负责全书的组织与统筹工作，并撰写第五章、第六章、第七章的第一节和第二节以及第八章；丹华负责第四章以及第七章的第三、四、五、六节；邬烈瀚负责第一章、第二章和第三章。火币网是国内最优秀的数字货币交易平台之一，该网站为本书的撰写提供了大量支持与帮助。巴比特作为本书的组织方在此对三位作者及火币网一并表示衷心的感谢。

区块链技术及数字货币行业的发展日新月异，书中内容难免会出现错误或纰漏，请读者及时反馈，我们也将在新的修订版中及时更正，感谢大家的支持。

跟你身边的世界一样，数字货币也在时刻经历着快速发展。希望读者在读过本书后，不仅仅记住书中的知识点，最重要的是大胆去尝试、追踪这个行业的每一次脉动，尽早形成自己的判断和方法论。

感谢这个伟大的时代，更大的金矿正等着你去挖掘，祝你好运！

目 录

01 区块链数字货币基础 /1
数字货币的早期雏形　　1
那些著名的支付组织　　3
虚拟货币　　6
基于区块链技术的数字货币　　7

02 揭开比特币的神秘面纱 /13
比特币和传统数字货币的不同　　13
比特币的挖矿产业　　15
对比特币一些说法的探讨　　17
比特币的区块链技术　　21
比特币钱包　　24

03 如何买卖区块链数字货币 /35
现货交易　　35
期货与杠杆交易　　53
场外交易　　60

04 数字货币投资分析框架 /77
价值基础　　78
投资属性　　83
网络效应　　93
价格情绪周期　　119

时间　129
数字货币投资分析框架各要素的关系　135

05　基于区块链数字货币的数字资产 /139

发行原理　141
交易平台　150
创新资产　162
基于以太坊的数字资产　173
区块链应用趋势　178

06　基于区块链数字货币的理财产品 /181

平台间差价套利策略　181
程序化自动交易应用程序编程接口　184
数字货币产业的创业众筹　185

07　区块链数字货币投资风险 /193

投资陷阱　193
储存风险　195
流动性风险　199
交易所风险　203
众筹项目跑路风险　210
政府监管的影响　214

08　走向主流的区块链技术 /221

实际应用落后于美好理想　221
资本市场在行动　224
交易即结算　229

01

区块链数字货币基础

笔者第一次听到"比特币"这个词的时候,想当然地把它当作"数字货币"的通称,以为就是泛指 Q 币、游戏金币之类的虚拟代币。后来听到这个词多了,认真了解后才知道原来这项发明把"数字货币"带入了一个新的时代。那么,比特币之前的数字货币时代是怎样的呢?

数字货币的早期雏形

通常我们说的"数字货币"是指非政府发行的、有一定市场的通货,并且没有物理实体,依赖于计算机和互联网,一般会用"电子货币"或"数字货币"来称呼。国人最熟悉的"数字货币"应该是 Q 币了,"80 后"有不少人都拥有过它。2002 年前后,腾讯公司为了摆脱传统支付系统的羁绊,决定开辟自己的支付渠道,最终将这一产品命名为"Q 币",Q 币需用人民币 1:1 换购,可用于购买腾讯公司销售的虚拟产品，如 QQ 秀等会员服务。不过，Q 币只能由人民币到 Q 币单向兑换。因此，严格地说，Q 币并非我们要说的"币"。

下面介绍的这些数字货币，大多引起了各国政府的关注。

EG 币

现在知道 EG 币（E-Gold）的人不多，因为它已经被多国政府联合取缔了，但 EG 币曾经风光无限。

1996 年，圣·科特斯（St. Kitts）和纳维斯（Nevis）创建了网络机构 E-Gold，截至 2003 年，在 E-Gold 上使用 EG 币的客户就已达到 100 万。EG 币不锚定任何一种法币，正如开发该币的机构的英文名字 E-Gold 所显示的，EG 币锚定的是黄金。但由于注册和使用者无需提供真实身份，EG 币马上就被网络犯罪群体盯上。2005 年，美国特勤局和联邦调查局开始调查 E-Gold，但使用 EG 币的人数仍在增长。2006 年，E-Gold 用户达到了 300 万。2007 年，E-Gold 因涉嫌欺诈、帮助罪犯转移资产和传销被起诉，最终淡出主流。但是，受 E-Gold 启发的产品仍在不断诞生，其中包括后来知名的 LR 币。

LR 币

2006 年，Liberty Reserve 公司在哥斯达黎加注册成立。也如它的前辈一样，Liberty Reserve 公司同样经历了注册用户的快速增长，迅速突破了 100 万，但最终也因涉及多项罪名而被取缔。当 Liberty Reserve 公司在 2013 年 5 月被美国联邦检察官根据《爱国者法案》关闭的时候，其在美国地区的用户已达到了 20 万。美国当局以洗钱、协助罪犯转移资金和无金融交易相关执照经营等罪名指控 Liberty Reserve 公司创始人亚瑟·布多威斯基（Arthur Budovsky）和联合创始人威拉弟米尔·卡斯（Vladimir Kats）等。LR 币之前也是众多外汇交易平台所支持的出入金方式。

WM 币

WM 币由成立于 1998 年的 WebMoney Transfer Techology 公司开发，和 EG 币一样，WM 币也经历了用户快速增长和被犯罪分子利用的阶段。但和 E-Gold 机构所不同的是，WebMoney Transfer Techology 公司主动且有效地遏制了 WM 币沦为犯罪分子从事非法活动的工具，并成功转型向在线电子商务支付系统发展，至今依然正常运营。它支持俄罗斯卢布、美元、欧元、乌克兰格里夫纳、白俄罗斯卢布、越南盾和黄金，可以通过 PC 端软件、浏览器插件和手机端 App 使用。目前很多外汇交易网站和投资类站点都接受 WM 币的存取业务。

PM 币

PM 币是由 Perfect Money 公司开发的。Perfect Money 公司创建于 2007 年，持有巴拿马经营许可执照，具有网络银行的性质。在 Perfect Money 平台，客户可以用 PM 币进行美元、欧元等国际货币的交易。和 WebMoney Transfer Techology 公司一样，Perfect Money 公司今天仍在经营，并且还在继续增添支持的币种，其中包括黄金、越南盾和本书后面要提到的比特币。虽然这家公司是合法的，但是其创始人的身份依然是一个谜，并且不支持美国地区，这些措施有可能是 Perfect Money 公司看到了美国政府对 E-gold 机构的取缔行为而做的预防。

那些著名的支付组织

下面要探讨的支付公司或组织在法律上并不像前面列举的数字货币那么敏感，它们本身就是由银行或者电商衍生发展而来的。而且，它们并没有发行自己的代币，而是作为支付网络存在。

Visa 卡

20 世纪 40 年代末期，一些美国银行开始发行购物券，这种购物券可以在当地商店里被当作货币一样使用。1951 年，纽约的富兰克林国家银行将这种应用规范化，推出了第一种现代信用卡。以加利福尼亚州为营业基础的美洲银行将这一做法在全美范围内予以推广，并在 1960 年推出了美洲银行卡（Bank Americard），这就是今天 Visa 卡的前身。同时，美洲银行在每一个主要城市建立一家分支机构。这些分支机构与商户签订合同，让商户接受以卡支付的方式，并且在业务覆盖范围内发展持卡人。

万事达卡

美洲银行卡推广几年后，一批没有被委托经营卡的美国银行家开创了他们自己的网络，接受另一种本地信用卡。1966 年 8 月 16 日，这一批银行组成了"跨行卡协会（ICA）"，以实现跨行授权、清算和结算的交换功能。ICA 后来成为万事达卡（MasterCard）国际组织。与美洲银行卡不同的是，ICA 并不是由单一的银行所统辖，而是由 ICA 成员组成了会员委员会，去管理和运营 ICA 协会，除了建立授权、清算和结算规则外，ICA 还负责市场推广、安全和保护品牌的法律事务。

万事达卡全球总部设在美国纽约。2014 年 4 月 4 日，世界最大零售商沃尔玛选中万事达卡集团为其处理店面品牌信用卡交易。

贝宝

贝宝（Paypal）是美国易趣（eBay）公司的支付工具，1998 年 12 月由彼得·泰尔（Peter Thiel）及麦克斯·拉夫琴（Max Levchin）创建，其公司总部设在美国加利福尼亚州圣荷西市，允许在使用电子邮件来标识身份的用户之间转移资金，避免了传统的邮寄支票或者汇款的麻烦。贝宝也和一些电子商务网站合作，成为它们的货款支付方式之一，在用户使用这种支付方式转账时，贝宝会收取一定数额的手续费。

贝宝账户分为个人账户、高级账户和企业账户三种类型，分别适用于在线购物的买家用户、在线购物或在线销售的个人商户，以及以企业或团体名义经营的商家，特别是使用公司银行账户提现的商家用户。

支付宝钱包

支付宝钱包运行于用户的智能手机上，也可以通过网页登录，是从阿里巴巴的淘宝网衍生出来的支付平台。它内置活期理财产品余额宝，同时具有信用卡还款、转账、充话费、缴费等功能，在很多地方它还能够打车、去便利店购物和通过售货机买饮料等。

微信支付

微信支付是集成在微信客户端的支付功能，用户可以通过手机快速完成支付流程。微信支付以绑定银行卡的快捷支付为基础，向用户提供支付服务。

用户只需在微信中关联一张银行卡，并完成身份认证，就可将装有微信 App 的智能手机当成电子钱包使用，之后可购买合作商户的商品及服务，用户在支付时只需在自己的智能手机上输入密码，无需任何刷卡步骤即可完成支付。目前微信支付已实现刷卡支付、扫码支付、公众号支付、App 支付，并提供企业红包、代金券、立减优惠等营销新工具。

虚拟货币

除了非政府货币、支付网络,还有一种电子货币,一般被称为广义的电子货币——"虚拟货币"。

随着互联网浪潮的到来,越来越多的网站、平台都有了自己的"货币",这些货币有别于传统意义上的法定货币,但确实属于资产,它们多数被称作"虚拟货币"。虚拟货币在一定条件下具有一定的价值和使用价值,并且具备交易功能,可以转化为现实财物。在司法实务中,就有因盗窃虚拟货币而入刑的案例。

笔者认为,虚拟货币还可再分为以下两大类。

第一类是通过充值而获得的虚拟货币,比如腾讯公司的Q币、Q点、CF点,或者盛大公司的点券及欢聚时代公司的Y币、红钻等。该类货币只能用于消费,无法直接提现为传统货币(我国的法律明文禁止这么做)。

从性质上来讲,该类虚拟货币有债权的成分,但只能兑付成发行方提供的服务业务,比如说购买虚拟游戏道具,购买腾讯公司的增值服务,购买赠与主播的虚拟礼物等。其最重要的特点是,它和传统货币的兑换比率是固定的。例如,Q币和人民币之间的兑换比率是1:1左右,Q点和人民币之间的兑换比率是10:1;欢聚时代Y币和人民币之间的汇率也为1:1,红钻和人民币之间的兑换比率为100:1。有时,商家为了促销会给予兑换上的一定优惠(如充多少送多少),或者参加活动就送虚拟货币。

第二类是网络游戏中的货币,以大型多人在线角色扮演类游戏(MMORPG)为主(但不限于此),比如暴雪公司《魔兽世界》中的铜币、银币、金币或腾讯公司运营的《地下城与勇士》中的金币等。

这类货币一般由打怪掉落生成，或者向非玩家控制角色（NPC）出售虚拟物品换得，媒体上一般称之为游戏币。

该类货币最重要的特点是：无限发行，往往是打怪越多，掉落越多。一般的规则是打的怪等级越高，掉落的游戏币也就越多。不过游戏开发商会通过出售虚拟道具、升级角色或装备等方式回收流通中的游戏币，一般规则也是购买、升级的装备等级越高，花费的游戏币就越多。由于获得游戏币需要花费大量的时间和精力，有时玩家为了节省时间会直接向其他拥有富余游戏币的玩家购买，因此游戏币也会产生市场兑换比率，这个比率是市场化的，官方不直接干预，交易游戏币和虚拟资产一般使用官方提供的拍卖行或者第三方运营的交易平台。

不过从长期来看，几乎所有网络游戏中的游戏币都是通胀的，有人甚至写过《魔兽经济学：艾泽拉斯的通货膨胀是如何造成的？》这样的文章，因此网络游戏中的游戏币通常不会被用于储值，毕竟游戏世界设计出来的目的是娱乐消费。不过现实中倒有不少依靠打怪卖游戏币赚法币做生活费的案例。随着法律的健全，盗窃游戏中的虚拟道具和虚拟货币也要负民事甚至刑事责任了。可以说，社会在一定程度上认可了虚拟货币的资产属性。

基于区块链技术的数字货币

2008年，美国次贷危机爆发，伴随全球经济衰退和欧洲国家债权危机，有一个人看到政府货币的信心开始动摇了，便开始着手设计一个新的支付系统，于2008年8月注册域名bitcoin.org。当年10月发表了比特币设计白皮书《比特币：一种点对点的电子现金系统》（*Bitcoin: A Peer-to-Peer Electronic Cash System*），这个人就是中本聪

（Satoshi）。在白皮书中，中本聪描述了一种基于点对点的、可以克服"重复消费"问题的新技术，名叫区块链（Block Chain），其本质是一个公共交易总账，每笔交易都由大量分散的计算机网络认证。

"Satoshi"这个名字来自日文，翻译成中文是"认真思考"的意思。很显然，中本聪精通密码学，也知道如何隐匿自己的真实身份。他最后一次出现是在2010年年末，贡献了最后一段程序后，他便把其余工作交给了开发领导者加文·安德森（Gavin Andersen）。

比特币开源客户端发布于2009年1月，从那时起，比特币网络就正式运行了。第一个比特币区块自然是由中本聪创建的，他在交易备注中留下了这样一句话："2009年1月3日，英国财政大臣被迫考虑第二次出手纾解银行危机。"这句话正是《泰晤士报》当天的头版文章标题，意思是"2009年1月3日，财政大臣正站在第二轮救助银行业的边缘"，一方面证明了比特币诞生于2009年1月3日之后，另一方面也充满了讽刺意味。

2010年，比特币首次有公开的交易。美国佛罗里达州的程序员拉兹洛·汉耶克花费10 000枚比特币兑换了两张披萨，相当于每枚比特币兑换0.003美元。

2010年7月，Mt.gox公司成立，它最初交易的是聚会游戏牌Magic，后来才专注比特币的交易业务。三四年后，其成为知名的比特币交易平台之一。

2010年8月，比特币协议暴露了一个重大缺陷，用户可以利用漏洞绕过比特币的经济限制，创造无限量的比特币。8月15日，有一笔交易竟然产生了1840亿枚比特币。几小时内这一问题被发现，并从比特币的账簿中擦除。这也是比特币历史上少有的一次被发现的重大漏洞。

2010年11月，比特币的总市值超过100万美元。

2011年2月，比特币因单价达到1美元而在资讯科技网站Slashdot上广受赞誉。

2011年4月，《福布斯》刊文"加密货币"介绍了比特币。

2011年6月，维基百科开始接受比特币捐助，那时比特币的市值已达2.06亿美元。

同月，高科传媒发表了一篇介绍黑市购物网站"丝路"（Silk Road）的文章，该网站是一家出售违禁品以换取比特币的网站。

同月，Mt.gox作为承担了90%比特币交易的平台，承认用户信息遭泄露，其中包括6万份用户名、电子邮件和密码，部分信息遭泄露的用户还在其他比特币钱包网站MyBitcoin上使用相同的用户名及密码，导致二次被黑，有600人的比特币被黑客盗走。有些人甚至盗取了Mt.gox管理员的登录权限，出售成千上万的假比特币，瞬间令比特币的价格从17.51美元跌至0.01美元。Mt.gox随后宣布这些交易取消，并停止交易7天。从那时起，比特币开始了漫漫下跌路。

2011年的恶性事件发生后，比特币用了一年时间重新获得买家和卖家的信任。2012年出现了首期比特币杂志；首次有知名网站博客平台（WordPress）接受比特币付款；首次有出租车服务和汽车供应商接受比特币付款；首次有私人医疗服务接受比特币支付；比特币教学首次进入公共课堂；首次可以用比特币购买音乐专辑，并且出现了首个比特币诉讼案和只针对比特币的信用违约交换交易。

2012年10月，欧洲央行对比特币的评价是："如果适用范围扩大化，比特币将对央行的声誉产生负面影响。这种风险在评估央行总体风险时应予以考虑。"

2012年11月，比特币迎来第一次产量减半，也就是每四年左右挖矿获得的比特币数量会减半。

2013年2月，单个比特币的价格首次超过一盎司白银。

同月，新闻网站Reddit接受比特币付费订阅。

2013年3月，比特币总市值超过10亿美元。

同月，比特币的新版本出现"分叉"问题，不同版本的软件对同一个区块的有效性判定不同，这样就使一个比特币支付两次成为可能（分叉之前的比特币在每一条链上只能支付一次）。Mt.gox马上暂停了比特币寄存业务，致比特币价格短期下跌37%，不过很快又恢复到了之前的水平，大部分用户没受影响，且问题最终被修复了。

2013年4月，塞浦路斯宣布没收部分居民存款。比特币在这种新闻背景下脱颖而出，价格先达到100美元，几天后又涨至200美元。

2013年5月，美国政府发现Mt.gox未以资金交易的角色注册公司，随后即冻结了其相关账户。

2013年10月，美国联邦调查局关闭了Silk Road网站，并以毒品交易等罪名抓捕了相关人员，比特币的价格应声大跌，随后又恢复正常。美国联邦调查局声称，在抓捕过程中他们没收了26 000枚比特币。

同月，首个比特币ATM机在加拿大温哥华诞生。

2013年11月，时任美联储主席的伯南克表示他们没有权力监督虚拟货币，并认为如果这项创新能够给人类带来一个更安全、快速和高效的支付系统，那么它就具备长期的发展前景。

同月，英国维珍银河公司宣布接受比特币支付预订机票。

2013年12月，中国人民银行宣布所辖银行不接受比特币交易，比特币随即跌至600美元，但很快又反弹至900~1 000美元。

2014年2月，Mt.gox倒闭，网站宣称被盗了85万枚比特币，达到当时比特币存量的7%，从那时起比特币再次进入熊市。

2015年，伴随比特币诞生的技术——区块链，再次进入了公众视线。几十家银行加入R3CEV区块链联盟，研发区块链技术用于结算、合约、信托、融资等行为，其中包括富国银行、美国银行、纽约梅隆银行、花旗银行、德意志银行、汇丰银行、摩根士丹利、澳大利亚国民银行等。

同年，以太坊项目正式上线，标志着公有链智能合约技术的发展迈出了重要的一步。同时比特币的基本面也完成了自己的筑底。

2016年6月，比特币价格突破了两年来的新高，从1 500元人民币平台涨至5 000元；同时，其他区块链货币也走出了波澜壮阔的行情，以太坊几天就涨到了145元。

同月，基于以太坊的应用——去中心化自治组织（decentralized autonomous organization，DAO）曝出了重大漏洞，并导致去中心化自治组织项目上的以太币被黑客窃取，瞬间刺穿了以太坊的泡沫，以太币短短2天就从145元跌至68元，并在该价格段附近震荡。

2016年8月，美元汇率交易所Bitfinex被盗近12万枚比特币，比特币一夜闪崩约26%。

2016年11月，经过三个月的恢复，比特币在大陆的人民币汇率交易所上再创新高。

可以预见的是，这些并不是比特币和竞争币种的终点，在未来几年里，区块链数字货币还会继续书写它们的传奇。

02

揭开比特币的神秘面纱

比特币到底有何魔力？几乎每个大国的政府都对比特币有所表态，但却没有一个政府明确表示要将其取缔，又是什么使得比特币仅花了五年时间，就从一文不值的数据变成了一个市值高达上百亿美元的金融资产，并且深深扎根下来了，还引得银行机构纷纷研究其背后的技术。

为什么说比特币把数字货币带入了一个新的时代？尽管媒体、专家把比特币描绘成"郁金香泡沫"和"庞氏骗局"，但又是什么力量使它依然可以重整旗鼓？

这一章我们将揭开比特币的神秘面纱。

比特币和传统数字货币的不同

不论是非政府"货币"、支付组织还是虚拟货币，用户持有金额的信息都是记录在发行方或运营方的中央服务器上的,货币的收发也必须通过他们的中央服务器,这样用户资产的安全性对发行方的信用依赖很大。无论是希腊危机中无法取现提款的银行储户,还是被网络游戏运营商封号的玩家,他们都无法对自身持有的资产拥有100%的处置权,但是比特币或者说它背后的区块链技术却完美地解决了这个问题。

首先,比特币系统并没有特定的中央服务器,它是一个基于点对点技术的开源项目,类似于BT下载,只要拥有网络和电脑,任何人都有资格运行比特币程序并成为比特币网络中的一个节点。比特币系统的运营通过"挖矿"实现,参与挖矿的人(后文简称"矿工")通过贡献计算机运算能力(后文简称"算力")保证比特币账簿不会被随意篡改(有一种情况除外,即单人算力占比超过了全网算力的51%)。作为回报,新产出的比特币以及全网用户的转账手续费按照算力贡献比例奖励给矿工。比特币产生的速度和总量也是事先在程序里写好的,任何人不能单方面修改,否则其产出的区块将不会被其他节点接收,反而浪费自身资源。

比特币的产出遵循以下规律:矿工通过"猜数字"的方式解一个方程,一旦解出将获得一个新区块的记录权,全网的新交易将记录在这个区块中,该区块内包含的新比特币和新交易的手续费将全额奖励给方程解出者。比特币系统每过两周会自动调节方程难度使出块速率接近于平均每10分钟一块。在比特币诞生的头四年,每个区块内含50枚新比特币,因其出块间隔约为10分钟,头四年共产生比特币1 050万枚。但是每过四年,每个区块内含的新比特币将减半,即第二个四年,每个区块内含的新比特币变为25枚;第三个四年,每个区块内含的新比特币变为12.5枚……直到区块内不再包含新的比特币为止,到那个时候出块并不会停止,矿工依然可以靠交易手续费盈利。正是因为新币的产量不断减半，世界上比特币的总量是有限的，上限为 2 100 万枚。

当读者看到这本书的时候，比特币已经经历过至少两次减半了，第一次减半发生在 2012 年的 11 月，第二次减半发生在 2016 年的 7 月。为什么不是刚好四年，而是误差了好几个月呢？这是由于全网算力提升会导致区块间的平均时间间隔小于 10 分钟，所以"四年"只是在全网算力不变情况下的理论数值，实际的减半周期会略小于四年。

比特币网络从 2009 年 1 月开始运行至今，从未出现过一次长时间的系统瘫痪。虽然中本聪设计的程序并非完美，也的确被黑客攻击过，但是全球的开发者和矿工都在最短的时间内解决了问题。其执行效率如此之高的原因，我想是整个比特币生态的利益高度一致导致的。如果比特币网络出现了严重问题，矿工、开发者和用户所持有的比特币也将大幅贬值，甚至归零。这也是比特币创始人中本聪设计的精妙之处，通过每个人对自身利益的追求，维持了整个系统的不间断运营。而中本聪对于单一矿工（或矿池）算力超过全网 51% 的预防也是基于这个思路，如果单一矿工的算力超过 51%，与其制造破坏（又称作"51 攻击"），让自己挖到的比特币大幅贬值，还不如做一个正常矿工，按规则获取大部分新挖到的比特币。然而在真实的比特币历史上，单一矿工（矿池）算力超过 51% 的情况还未发生过。

比特币的挖矿产业

由上节可知，挖矿是比特币系统运行的命脉，实际上挖矿也是任何区块链系统的命脉。如果一条基于工作量证明（POW）的区块链没有足够的算力支持，就容易被"51 攻击"篡改已经交易的记录，或者被难度攻击使系统长时间停顿，历史上就有很多仿比特币的竞争币种因"51 攻击"而被迫终止的例子。

目前,挖矿这项工作已经形成了一条成熟的产业链,下面就来说说比特币矿业的历史和内幕。

笼统地讲,比特币挖矿经过了 CPU 挖矿、显卡挖矿和专业机器挖矿三个时代。

CPU 挖矿时代就是 2011 年之前、中本聪还没消失的时候,那个时候挖矿非常容易。据最早和中本聪合作的哈尔·芬尼回忆,他当时就开着个人电脑,几个星期就轻松地获得了几千枚比特币。但也正是因为太容易了,当时很多人都没有珍惜挖到的比特币,经常出现钱包没备份而丢失或忘记密码的事情,毕竟当时绝大多数人都没想到日后比特币会这么值钱。其中,最著名的莫过于"天价硬盘"事件了:一位来自英国的 IT 工作者竟然把内含 7 500 枚比特币的硬盘当垃圾扔了。这些被丢掉的比特币理论上将永远无法被人动用了,如同石沉大海。

当比特币圈子有了交易所,总市值开始呈指数级增大的时候(2011 年),人们纷纷开始了挖矿的"军备竞赛"。最初,有人想到可以利用显卡的并行运算能力来挖矿,效率可以提升几倍甚至几十倍,于是就有极客开发出了用显卡挖矿的软件。那个时期不少人买显卡,并不是为了玩游戏,而是为了挖掘比特币,从而导致真正需要用显卡玩游戏的 PC 玩家怨声载道,因为他们把显卡的价格抬高了。

然而只要有利益驱动,"军备竞赛"就很难止步。2013 年,比特币市值又迈向了新的数量级,某些精通硬件的人制作出了"除了挖矿什么都不能干"的机器,也就是专业矿机,那个时期国内的相关名人有"南瓜张""烤猫"等。专业矿机的好处是用电效率可以进一步提高,缺点是普通人要弄到矿机非常难,部分无良矿机厂商发货前先自己挖币,美其名曰产品测试,从而延迟了买家收到矿机的时间,导致矿机买家的利润大幅低于预期，甚至根本收不回来成本。亏本的原因在于：挖矿业是一个充满竞争的行业，中本聪的设计是参与挖矿的算力越多，单位算力挖到比特币的概率就越小，以此保证比特币的出产速率稳定。单位算力的产出及币值经常变化，再加上付款买矿机及收到矿机时存在的时间差，导致买矿机时计算的利润率，在收到矿机时已经不再适用了。

但是，专业矿机的"军备竞赛"也是无底洞，从2013年年末到2016年年末，矿机处理器的制程工艺从最初的接近100纳米提升了14纳米，比特币全网总算力从1P提高到2 000P。这意味着，2013年年末一天能挖1枚比特币的机器现在只能挖出不到0.000 5枚了。

不过严格地讲，目前显卡矿机并没有完全被淘汰，很多新币种采用原创的独特算法，市场尚未研发出与之相对应的专业矿机，因此用显卡矿机挖这类币种依然可以盈利。

正是因为单一矿工拥有的算力占全网算力的比例较小，导致矿工的收益极不稳定，有可能一天挖到50枚，也有可能几个月什么都挖不到。为了使收益平均化，矿工们可以连接到一种叫"矿池"的特殊服务器。连上矿池的任何一个矿工挖到一个区块，该矿池上的所有矿工都可以按算力贡献比例分得奖励，从而降低了挖矿的收益波动。当然，矿池也会收取比例并不高的手续费。

对比特币一些说法的探讨

挖矿是比特币设计上的败笔吗

有人指责挖矿是比特币设计的败笔，他们不希望电力被"白白浪费"，并且有开发者设计了权益证明（POS）和代理权益证明

（DPOS）两种新的挖矿模式，用在竞争币种身上。但是从市场实际的反应来看，最受认同的还是 POW 模式，采用 POS 模式的币值远低于采用 POW 模式的币种。对这种现象笔者认为并非巧合。

首先说"浪费"这个问题，电力资源宝贵的地方电价也较高，商业利益迫使矿工去选择便宜的电力。什么地方有便宜的电呢？当然是"不用也是浪费掉"的电，像风能和水能。2015 年国内的比特币矿场就进行过一次迁移，从煤矿发电的地方迁移到了水力发电的地方，使得挖矿者的运营成本进一步降低，国外的情况也类似。因此并不存在他们所谓的严重浪费和污染环境的问题。

再从经济的角度上说，任何公平公正本来就是有成本的，大多数服务也是有偿的。区块链全天 24 小时不间断运行，公平公正难以篡改的无人值守系统也不可能没有运行成本。POW 挖矿模式只是将传统金融业的人力成本转变成了电力成本。而 POW 以外的挖矿模式虽然省去了电力成本，但是作恶成本也同时下降了，自然市场认同度要比 POW 模式低一个或多个数量级。

比特币是庞氏骗局吗

自媒体关注以来，比特币被不少人冠以"庞氏骗局"的帽子，然而我们只要稍微了解一下庞氏骗局的定义就知道比特币并非如此。

庞氏骗局是指利用新投资人的钱来向老投资人支付利息和短期回报，以制造赚钱的假象进而骗取更多的投资。

但是比特币并不是债权，也没有承诺任何利息和回报，它是完全由市场自由定价的，其属性更像是商品。2015 年 9 月，美国商品期货交易委员会已经认定包括比特币在内的虚拟货币为合法商品，（期货交易）受其法规监管。

比特币是否存在价值

价值的概念因人而异,一样东西不可能对所有人来说价值都完全一样。比如说,男性服装对女性来说没有价值,因为无法在社交场合穿着,反之亦然。

比特币的需求方一般会看重它的以下价值。

1. 因比特币总量有限,又是其后所有区块链的原型,他们将比特币作为收藏品囤积起来。据传屯了6位数比特币的人在全球有很多位,如中国的李笑来、美国的温克莱沃斯兄弟等。

2. 跨境支付。比特币的汇款没有地域限制,绝大部分国家都有接受比特币的交易所或支付商,且汇款手续费相比西联汇款、Visa和万事达低很多,平均10~20分钟即可到账(比特币早期需要1小时,但在目前的网络环境下1~2个区块确认可以认为是安全的,大部分交易所也采用此确认形式)。

3. 投机交易价值。虽然这类价值并不是比特币和其他数字货币所独有的,但是如果没有交易者,用比特币作支付手段的人就没有了交易对手,交易员为比特币提供了流动性和市场深度,构成了生态中必不可少的一环。

4. 智能合约。新一代的区块链大多以智能合约为方向做研究,已经可以实现投票、域名、金融交易所、众筹、公司管理、合同、协议、知识产权登记、房产登记等功能,运行这些功能需要用区块链上的代币作为手续费。

比特币是货币吗

中本聪在写白皮书的时候并没有把比特币和法币作类比,主流的商政学界也没有视比特币为一般意义上的货币。传统上,货币要满足以下职能:

1. 人们普遍接受的用于支付商品劳务和清偿债务的物品；
2. 充当交换媒介、价值、贮藏、价格标准和延期支付标准的物品；
3. 超额供给或需求会引起对其他资产超额需求或供给资产；
4. 购买力的暂栖处；
5. 无需支付利息，作为公众净财富的流动资产；
6. 与国民收入相关最大的流动性资产等。

而比特币目前不具有广泛的接受性，接受比特币付款的商家非常少，很多人甚至连"比特币"这个词都没听说过，更不用谈接受了。各国的法规对比特币的态度也不同，有的国家表示比特币可以作为记账单位，有的国家对比特币的监管仍不到位。而比特币本身又具有通货紧缩的特性，一旦遇上经济危机，比特币将无法弹性地控制供给。再者，比特币的汇率波动非常剧烈，远超过黄金甚至是大部分股票，用比特币作单位为商品标价显然不合适。

综上所述，比特币几乎不可能成为传统货币的接班人。但是比特币会因此变得一文不值吗？也不会。比特币在特定人群中存在需求，而比特币的价格由于其总量限制，从长线上来看也会呈现低点越来越高的趋势。笔者认为，就目前阶段而言，将比特币视作可交易资产比较贴切。

比特币创始人中本聪是日本人吗

在公开场合中没有人知道中本聪的真实身份，没有任何证据可以证明中本聪是日本人，也有可能中本聪不是一个人，而是一个机构，毕竟比特币的设计太精妙了，可以看出设计者在密码学、算法、经济学和社会学上都有很高的造诣，很难想象这么精妙的系统是由一个人想出来的。

从2013年比特币被广泛报道以来，很多人都在试图找到中本聪，也确实有一些"发现中本聪"的新闻报道（曾经被媒体怀疑是"中本聪"的人有望月新一、尼克·萨博、多利安·普伦蒂斯·中本聪、克雷格·史蒂芬·莱特），但事后均被证实是乌龙事件。据一些早期参与比特币项目的业内人士爆料，中本聪行事缜密细致，与任何人交流都使用数据加密软件（PGP）和洋葱网络（Tor），他在使用电子邮箱时及在注册域名时都刻意隐藏了自己的行踪，没有留下丝毫会暴露自己真实身份的信息，可见中本聪对比特币的开发和维护都是有规划的，似乎早已预料到以后会有人想找自己。

还有一个敏感问题，就是中本聪自己持有的比特币到底有多少？由于比特币网络是匿名的，很难精确地知道某个人持有多少比特币，但由于比特币网络上的信息是公开的，可以根据时间和挖矿难度推算出中本聪持有的比特币最多为100万枚的级别，占2 100万枚中的5%。然而这个数字毕竟是估算，实际情况未必如此。

"51攻击"的后果

如果有人拥有51%或以上的算力，那么是否就可以任意控制比特币了？这是一个错误的认识，"51攻击"的实际后果是时间倒流，如把账本的时间倒回至几十分钟以前甚至更早。"51攻击"的后果不能改变比特币总量，也无法花费不属于自己的比特币（因为攻击者也没有其他人的私钥，只有私钥持有者才能够花费）。

比特币的区块链技术

比特币和区块链同为中本聪的作品，世界上第一条区块链就是比特币。即便到笔者写这本书时，比特币仍然是所有区块链中应用规模最大的。如果理解了区块链，对比特币及整个行业的理解也会更深一层。本书不打算写成技术偏向的书，但我们可以从另一个角度浅显地描述比特币及区块链是什么，为了不让讨论过于复杂，本篇只讨论目前比较成熟的公有区块链。

中本聪的白皮书原标题为《比特币：一种点对点的电子现金系统》，这个系统其实就是指区块链，简单地说就是一个电子账簿系统，兼有存储和运算的功能。这个系统有何特别的地方？和以往的电子财务系统相比，这个系统没有中央服务器，所有人可以自愿加入提供服务或者随时退出，没有责任和义务束缚。并且加入也没有任何门槛，只需启动一台联网的计算机并打开一个程序即可，而且对维护人员的技能要求非常低。我们看到比特币运行了那么久，7×24小时不间断运行了8年，其间从未发生一次全网瘫痪，运营这套系统不是靠IT技术专家的支持，也没有公司或组织对此负责，只是一些熟悉电脑操作的普通用户自发、自愿地参与而已。只有在需要版本更新的情况下，才需要相关专家升级程序代码。

这样的一个人人都可以加入的系统，账簿里面的资料自然是人人都可以看的。其实（公有）区块链上所有的信息都是公开的，即所有的记录都是在阳光底下的。读者可能会问，为什么黑客敲诈时经常使用比特币呢？难道不怕被追踪吗？这是因为每个比特币账号都是匿名的，查到每一个比特币地址的账目流水很容易，但将地址对应到现实中具体的某个人则是一项很大的工程，黑客可以通过"混币服务"将自己的交易与其他人的正常交易混淆起来，给侦查带来极大难度，至少到目前为止，被抓到的盗窃、敲诈比特币的黑客寥寥无几。

这听起来和点对点的BT下载很像，但还是有所不同，最关键的区别就在于区块链独有的"共识机制"。可以想象得出，一个人人都可以加入的系统不可能不产生分歧，更何况比特币是一个全球范围的系统，必须防御地球上任何一个试图作恶的人，如果防御失败，账簿就会变得不可靠。区块链防御作恶的方式是给作恶增加成本，当成本远超过了收益，自然没人去作恶的动力了。区块链是从机器的角度去设置门槛的，这个过程就是所谓的"挖矿"。目前主流的挖矿方式有两种：POW 和 POS，前者是比拼算力，其实就是比计算机性能和电力，谁的设备性能好，投入的电力多，谁的可靠度就高；后者是比拼持币量，谁持币量多，谁的可靠度就高。当然区块链也不能给算力或持币量最高的人 100% 的权力，它是按比例算的，例如在 POW 中，你的算力占全网的 20%，那么 20% 的记录就以你录入的为准。

然而，没有回报只有付出的活动是难以持久的。区块链的设计者（起始于中本聪）十分聪明地将挖矿变成了一项商业活动，即挖矿可以获得奖励。比特币作为一个去中心化的系统，完全靠计算机和网络运行，无法提供传统的法币作为"工资"，唯有可能产生自己的代币。但代币如果不值钱也是没用的，让代币值钱最简单的途径就是控制发行总量，总量有限之后，就有了炒作基础，待时机成熟就可以产生价格（比特币诞生的最初一年多是没有价格的）。目前，大众媒体上所说的比特币就是运行在比特币区块链系统上的代币。

讲到这里，笔者的观点就是，对于公有区块链，无论如何改进、如何重新开发，"代币系统"都是无法省略的部分，无论是近期颇受青睐的智能合约以太坊还是 Lisk，它们都有自己的代币系统。至于瑞波币（Ripple），本质上讲并非区块链，瑞波币的诞生时间甚至早于比特币，它是基于熟人信任的网络系统，和比特币使用的技术大相径庭。

以上简要地描述了公有区块链的原理。现在来看一下在没有代币奖励的情况下如何维持区块链系统的运转，也就是由公司、机构运营的私有区块链。

如果一个区块链由公司或者机构维护，确实可以省掉代币奖励，因为机构可以提供人力、设备和电力。同时，因为是集中管理，当有人试图作恶时可以进行仲裁，挖矿环节的确可以省略。但是，如果这家机构停止运营了会发生什么？可以想象，如果没有其他人接管，这条区块链也将停止运行。虽然不能说私有区块链没有价值，但就其可靠性而言，并不能取代以比特币为首的去中心化的公有区块链。

比特币钱包

虽然本书不侧重技术细节，但为了讲解比特币钱包如何使用，或多或少要涉及相关技术。不过不用担心，只要读者平时使用网上银行或支付宝钱包之类的服务便不难理解。下文的"类比"部分即是面向传统网上银行、支付宝钱包的使用者。

比特币的账户

与传统银行、网站的账户管理系统不一样，在比特币的系统中没有"注册"这个概念，所有的账户都是事先存在于数学空间里的。那么，总共有多少账户呢？有人打过比方，在数学空间里比特币账户数量是地球上沙子总数的2次方，非常庞大。那么，又如何获得比特币账户呢？答案是生成随机数。由于比特币的地址数目实在是太多了，即使随机生成也不会恰巧撞到其他人使用的地址。有人算过，随机生成账户正好撞到别人使用过的地址的概率是连续中5次500万彩票大奖的概率（注意是连续）。也有人尝试过写一个程序不断穷举，希望碰撞到别人使用的地址，好将别人的币盗窃出来，结果徒劳无功。

比特币私钥和地址

每一个比特币账户实际上有三个部分，分别是私钥、公钥和地址。私钥是一个256位的二进制数，用编码表示如 5KYZdUEo39z3FP rtuX2QbbwGnNP5zTd7yyr2SC1j299sBCnWjss；公钥和私钥类似；而地址则是一串 Base58 编码，比私钥和公钥都短，形如 1F3sAm6ZtwLAUnj7d38pGFxtP3RVEvtsbV。知道了私钥就可以通过数学公式得到公钥，但是知道了公钥却无法逆推出私钥，这是数学上的特性；同样，知道了公钥也可以通过数学公式得到地址，但是知道了地址却无法逆推出公钥。简言之，私钥→公钥→地址这个推导过程是从左往右单向的，由数学原理保证。当你想要接收比特币的时候，只需要给别人地址，别人有了你的地址就可以向你发送比特币了，但是千万不能给任何人私钥，因为谁拿到私钥谁就有权花费这个账户上的比特币了。

打个比方，比特币私钥相当于银行账户的密码，比特币地址相当于银行账号，密码不能让任何人知道！而密码是无法修改的，如果担心密码已经暴露，那只能重新建立一个新账户并将资金转移到新账户中。

读者可能有疑问，比特币地址那么长，看起来十分复杂，如果不小心输错了 1 位会不会导致此次汇款汇给了不存在的人？答案是：不会。比特币地址的末 4 位取自前面部分的 SHA256 摘要，也就是说，只要输错任何 1 位或多位，程序就会判断出输入有误而禁止用户汇出，直到改正为止。

人类第一次用技术保证私有财产不可侵犯

在比特币的世界里，私钥就是控制资产的全部权限，只有拥有私钥的人才可以花费这个账户里的比特币。在这个世界里没有客服，如果不小心弄丢私钥的话，那这些比特币资产就无人可以动用了，相当于永久消失，不存在类似"提供身份证，找回密码"的功能。但是另一方面，即使是政府和法院也无法冻结、没收你的比特币资产（除非你自己主动给他们）。所以，业内李笑来说过"比特币是人类第一次用技术保证私有财产不可侵犯"这句话。

同样可以打个比方，如果比特币系统是银行，没有任何人可以绕过密码而冻结、转移你账户里的资产，而知道密码的只有你一个人，就连银行自己都不知道。假如你忘记了自己的密码，账户里的资产就彻底没了。

比特币钱包的种类

通常来说，比特币钱包的功能是生成新的比特币地址（账户）、统计账户余额、显示历史交易、签名新的交易（即花费比特币）。比特币钱包分为以下几类。

1. PC 端钱包。顾名思义，PC 端钱包就是运行在 Windows、Linux 或 Macos 上的钱包软件，还可以细分为重钱包和轻钱包，轻钱包无需下载区块链，使用比较方便。PC 端钱包的私钥通常存储在文件中，不过也有网站和用户联合保管资产的钱包。目前 PC 端钱包已超过 10 款，最典型的 PC 端钱包就是比特币的官方版本——比特币核心钱包（Bitcoin Core），这是一款"重"钱包，对于初级用户来说，这款钱包并不是最好用的，后文还会提到它。

2. 网页钱包。网页钱包即通过网页访问的钱包，有的也提供手机端 App。大部分网页钱包实质上是网站代为管理，用户并不掌握私钥，私钥掌握在网站手中，用户靠传统的用户名、密码方式登录和转账。笔者觉得，该类代管钱包和传统中心化银行的差异不大，安全性依赖于网站的信用，不建议大额资金长期存在代管钱包中，如果不得已非要存在网站上，务必要先了解网站资质。

3. 手机端钱包。手机钱包主要有两种：一种是网页钱包的客户端，和网页钱包本质一样；另一种是简化版的 PC 端钱包，私钥存在手机内存里，和 PC 端钱包中的轻钱包本质一样，只是为了方便携带和使用。

4.硬件钱包。硬件钱包是一种类似于U盘的东西,但是只有收发比特币的功能,它并不是真的U盘,私钥存在硬件内部,在花费比特币的时候需要用到它,通常需要客户端软件的支持。但从原理上来说,硬件生产商需要有足够的诚信,我们才能放心使用,假如他们在硬件中留有后门或者私藏私钥,我们的比特币就十分危险了,因此笔者并不推荐采用硬件钱包(然而这话也不绝对,市面上已经出现了很多开源的硬件钱包,甚至有基于树莓派的,因此硬件钱包未必都是危险的)。

5.纸钱包。纸钱包又称为非常规钱包,仅仅是把私钥以二维码或别的形式记录在纸上,使用的时候再录入客户端,目前来看比较小众,并不推荐。

6.脑钱包。和纸钱包类似,脑钱包也是非常规钱包,将一句话结合换算公式作为私钥,要求这句话不容易被别人猜到,长度建议30字以上,但要牢记在脑子里,目前来看比较小众,也不推荐。

总的来说,笔者推荐其中的2~3种:大额的话放自己保管私钥的PC端钱包或者手机端钱包,并且在使用之前备份好私钥;小额的话放信誉良好的代管网站(交易平台或钱包商)。

比特币核心钱包的使用

无论比特币协议添加什么新功能,第一个发布更新的都是官方钱包——比特币核心钱包。虽然比特币核心钱包并不是最好用的钱包(相反,用起来比较麻烦),但是比特币核心钱包经过了足够长时间的检验,是官方开发的钱包软件。下面将向你介绍比特币核心钱包这个软件。

在笔者写稿时,比特币核心钱包的最新版本是0.13.1。图2-1是比特币核心钱包的中文版首页。

图 2-1　比特币核心钱包的中文版首页页面

打开网页后,在顶栏里找到比特币核心钱包"Bitcoin Core"链接。同一个版本有 6 个分支,分别是 Windows 安装版、Windows 绿色解压版(zip)、苹果电脑版(Mac OS X)、Linux for x86 版、Linux for ARM 版和 Ubuntu 专用版(PPA),每种版本还细分 32 位和 64 位的版本。下面以 Windows 版为例演示一下软件功能(如图 2-2 所示)。

图 2-2　比特币核心钱包版本的选择页面

下载安装版或者绿色解压版,如果是安装版,安装过程可以一直按"下一步",该软件不会捆绑安装任何恶意软件,默认安装即可,然后点击桌面的快捷方式启动;如果是绿色解压版,启动文件是"bin"目录下的"bitcoin-qt.exe"。如果是第一次启动,软件会询问您数据文件存储在什么位置，假如 C 盘的空间足够大，安装在默认的路径即可；否则，可自定义设置将数据存放在其他盘，然后点击"OK"确认选择（如图 2-3 所示）。

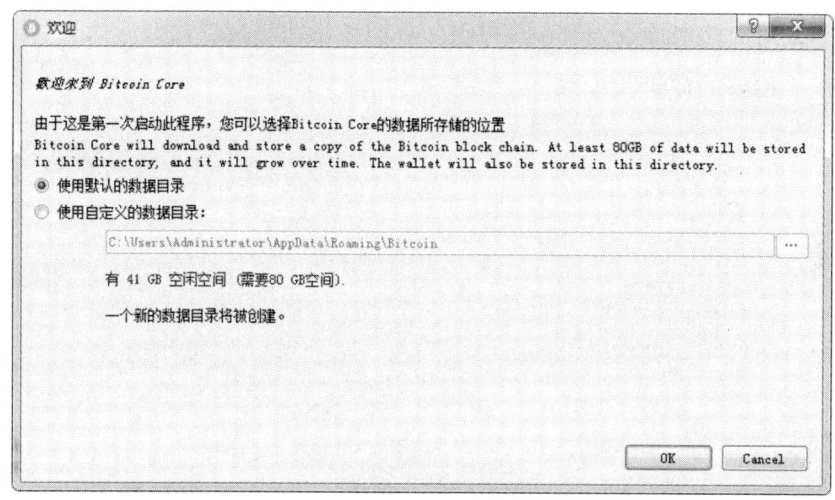

图 2-3　第一次启动比特币核心钱包的"欢迎"界面

图 2-4 是比特币核心钱包的"正常启动"界面，每次启动软件都会先弹出一个提示框，提示后台在加载数据，请耐心等待，等待时间随数据规模变化，可能较长（这也是"重"钱包的一大缺点）。

图 2-4　比特币核心钱包的"正常启动"界面

接下来就进入软件了。在图 2-5 最下方有一个进度条，显示同步数据的进度。所谓"同步"，就是下载完整的区块链，这个过程非常漫长（目前需要几周的时间，轻钱包的好处是没有这个步骤）。一旦同步完毕，就可以正常使用全部功能了。菜单栏下面有四个选项卡，分别对应四个界面。其中"概况"界面显示钱包余额和最近的交易记录（包括花费和收入）。

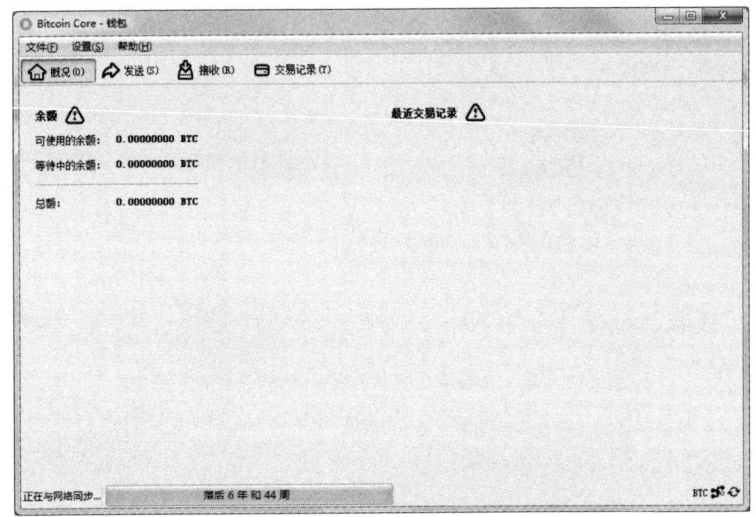

图 2-5　比特币核心钱包的"概况"界面

"发送"界面用于花费比特币，基本操作就是在"付给"栏里填入对方的地址，再填入"金额"，然后点击"发送"（如图 2-6 所示）。如果设置了钱包密码，还要在弹出的提示框中输入密码并确定。

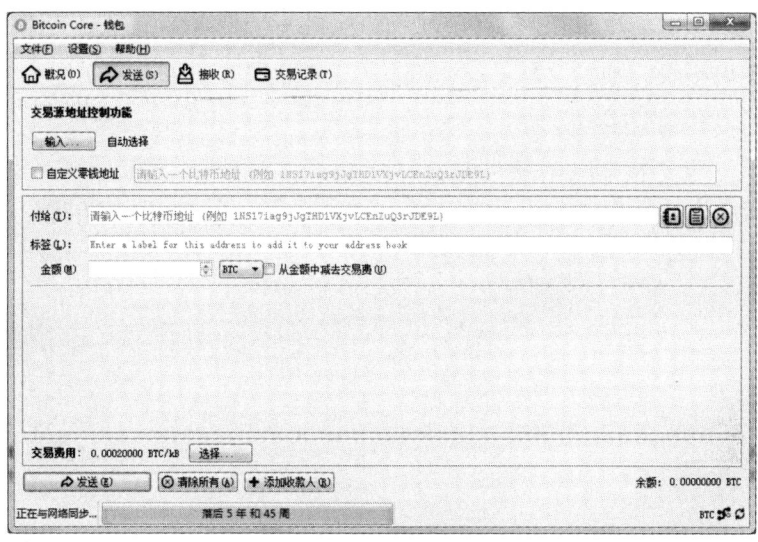

图 2-6 比特币核心钱包的"发送"界面

"接收"界面用于生成一个接收请求,方便对方支付,但通常情况下很少使用(如图 2-7 所示)。

图 2-7 比特币核心钱包的"接收"界面

图 2-8 是比特币核心钱包的"交易记录"界面,"交易记录"界面可以查看完整的交易记录(概况界面里的交易记录是部分的,这里的是完整的)。

图 2-8　比特币核心钱包的"交易记录"界面

读者可能会奇怪接收地址在哪里,其实需要点击"文件"菜单里的"正在接收地址"选项,在弹出的窗口中可以查看自己的接收地址。

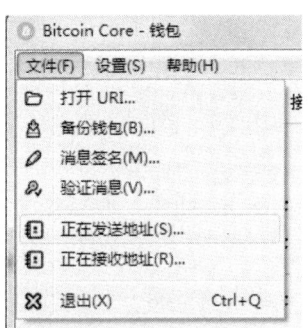

图 2-9　比特币核心钱包的"文件"菜单界面

严格来讲，图 2-9 里列出的地址并非全部地址，因为还有找零地址，这里不会列出，但是也不影响使用。点击图 2-9 左下角的"新建"按钮，可以随时生成新的地址。

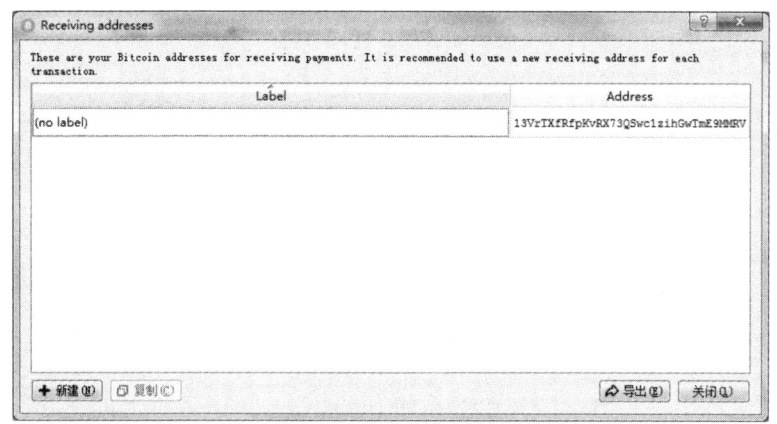

图 2-10　比特币核心钱包的"接收地址"界面

"设置"菜单中还有一个重要选项就是"加密钱包"，该步骤和备份钱包步骤应该在第一时间操作，先加密，后备份，再接收比特币。

图 2-11　比特币核心钱包的"加密钱包"选项界面

点击"加密钱包"，输入相同的密码两次后点击"OK"按钮（如图 2-12 所示）。

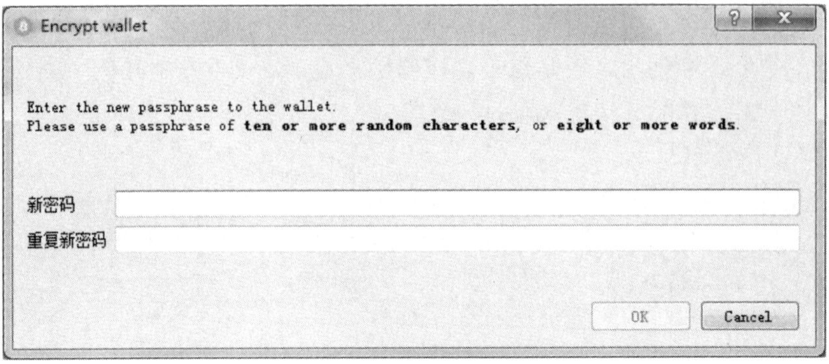

图 2-12　比特币核心钱包的"密码设置"对话框界面

"备份钱包"在第 7 章中还会再讲。这些知识是必要的，因为已经有很多人由于不了解比特币钱包的机制而遭受财产损失。

比特币核心钱包的其他版本如 Linux 版、Mac 版等功能，其操作大同小异，这里不赘述了。

比特币核心钱包的最大缺点是使用前需要同步，这将花费很多时间及硬盘空间，因此被形象地称为"重钱包"；与之相对的，目前市面上也有很多"轻钱包"。轻钱包将数据放在企业的中心服务器上，但是私钥留在自己的电脑上，企业用它们的硬盘和网络代替我们完成同步，如果轻钱包是开源的话，也是可以放心使用的。轻钱包的种类很多，可以到比特币官网了解和下载。

03

如何买卖区块链数字货币

根据Coinmarketcap网站在2016年11月的统计，目前全球共有2 400多个交易网站提供数字货币的交易。交易网站也可以分为两类，一类只接受数字货币的充值提现；另一类除了数字货币外，还提供各国法定货币的出入金服务。除了最常见的现货交易外，还有期货交易、杠杆交易及场外交易的撮合服务。虽然交易网站看上去数量很多，但由于用户数量有限，绝大部分交易所的成交量很少，大部分交易者集中在成交量前十的交易网站上进行交易。以下我们以国内的比特币交易网站为例，介绍如何买卖区块链数字货币。

现货交易

现货交易基础

由于比特币是全球化资产，所以比特币的交易规则和传统的外汇、股票、大宗商品有以下几点显著的差别。

- 比特币 7×24 小时全年无休交易。除非交易平台遇上了技术升级或技术故障需要暂停，否则比特币交易永不休市，这带来的好处是不会遇上很大的跳空缺口，走势可以一直保持连续性。
- 手续费市场化。每个交易平台各自制定各自的手续费，保持市场化竞争。
- 可 T+0 随时买卖。上一秒买的下一秒就允许卖，不会有类似股票的委托限制。
- 无涨跌停板。由于比特币是全球化资产，为了和全世界同步，交易平台不可能人为去设置涨跌停板，不过在自由的同时，风险也放大了。
- 现货可提出平台。不像股票现货是集中化管理的，在平台上购买的比特币是可提现的。假如某一平台的价格远低于其他平台，可以将该平台上的现货提现出来充值到其他平台上卖，时常会有套利机会。

尽管比特币现货与传统现货有着上述的显著差别，但是在交易规则方面，比特币和传统现货基本上是一样的。下面，我们以火币网为例进行讲解。

允许限价委托和市价委托

"限价"即只有当市场价格到了你报的买入价或卖出价后才会成交，如果不到则不会成交，那些未立刻成交的限价委托通常称之为"挂单"。

在图 3-1 中，上半部分为限价卖出挂单，代表有人愿意以 7 070 元的价格卖出总共 0.321 4 个比特币，有人愿意以 7 075 元的价格卖出总共 0.1 个比特币，有人愿意以 7 076 元的价格卖出总共 0.699 1 个比特币……盘口共显示 5 档卖出委托单，从低到高分别为卖 1 至卖 5。下半部分为限价买入挂单，代表有人愿意以 7 068 元的价格买入总共

28.630 3 个比特币，有人愿意以 7 067.33 的价格买入总共 0.08 个比特币，有人愿意以 7 067.3 的价格买入总共 11 枚比特币……盘口也是显示 5 档买入委托单，从高到低分别为买 1 至买 5。

"市价"即根据已有的挂单进行成交，如果你要求以市价买入，你会优先和卖 1 成交，如果卖 1 的挂单成交完了还未达到你委托的买入量（这个例子中即超过 0.321 4 个），则和卖 2 成交，如果还未达到委托量（这个例子中即超过 0.321 4+0.1=0.421 4 个），再和卖 3 成交，以此类推。市价卖出也是一样的道理，先和买 1 成交，未达到委托量（这个例子中即超过 28.630 3 个）再分别和买 2、买 3、买 4 成交，直到达到委托量为止。市价成交也被称为"吃单"，因为形象上就是把别人挂的买一卖一、买二卖二"吃掉"。当然，用远高于卖 1 的限价委托买入或者用远低于买 1 的限价委托卖出也能够达到"吃单"的效果。

最新价 ¥7068.00 ↓		深度 0 ∨
卖5	¥ 7079.00	0.6857
卖4	¥ 7078.00	1.8947
卖3	¥ 7076.00	0.6991
卖2	¥ 7075.00	0.1000
卖1	¥ 7070.00	0.3214
买1	¥ 7068.00	28.6303
买2	¥ 7067.33	0.0800
买3	¥ 7067.30	11.0000
买4	¥ 7066.23	0.1100
买5	¥ 7066.20	21.7800

图 3-1　挂单与吃单

成交顺序

和传统现货一样，比特币挂单的成交顺序遵循"先价格优先、后时间优先"的原则,即高买的挂单比低买的挂单先成交。出价7 068元的买单肯定比出价7 067.33的买单先成交;低卖的挂单比高卖的挂单先成交,即出价7 070元的卖单肯定比出价7 075元的卖单先出价;如果价格相同,则先挂的优先成交。比特币吃单遵循"立刻执行"的原则,先委托先成交。

计划交易

部分交易平台有"计划交易"功能,这功能在外汇上比较常见,在国内股票、大宗商品上不多见。最常用的计划交易就是止损委托单,即当市场价格跌破某一价位的时候,自动发出一张限价委托单,以求自动止损。火币网也提供这一功能。图3-2就是一个计划止损单的例子,当价格跌破6 500元的时候,系统会自动发出一张在6 450元卖出10个币的限价卖出委托单。

图3-2 计划止损单

这并不意味着止损时你的成交价格是6 450元,由于触发时(触发条件为最新价小于或等于6 500元)你的单子会先和当时的买1成交，未达到10个币再和当时的买2成交，如果还未达到10个币的量，再分别和买3、买4等成交，所以实际成交价格往往是略低于6 500元，除非委托量相当大，那样“滑点”就会比较明显，可能一直成交到6 450元了还没成交完，那样的话未成交完的委托就变成“以6 450元卖出”的限价卖出挂单了。

撤单

未成交的挂单允许撤单，如果挂单被部分成交了，那么未成交的部分允许撤单。火币的撤单在“委托管理”中，除了撤单，修改委托单也是允许的，当然只能修改未成交的委托（如图3–3所示）。

当前委托　历史委托　归档委托　计划委托　撤销勾选委托

委托时间	类型	来源	委托价格(¥)	委托数	剩余数量(Ƀ)	状态	操作
2017-03-29 21:59:00	买入	网站	6501.00	Ƀ 0.5100	0.5100	未成交	修改 | 撤单

图3–3　在“委托管理”中撤单或修改委托单

由于“吃单”是立刻执行的，所以没有“撤单”一说。

委托记录和成交记录

和传统现货一样，投资者可以查到历史委托记录和成交记录，了解成交的具体时间、数量以及吃单到底在什么价格成交的（如图3–4所示）。

交易记录

时间	类型	单价	数量	金额	手续费
20:13:49	买入	3140.66	0.1593	500.30	Ƀ 0.0000
14:23:31	买入	3224.98	0.1849	596.29	Ƀ 0.0000

图3–4　交易记录查询

分时走势图和 K 线图

比特币的走势图画法和传统现货几乎完全一样，分时图即实时走势图，横轴为时间，纵轴为价格，用于把握超短线的进出点（如图 3-5 所示）。K 线图即蜡烛图，一根 K 线包含"开、高、低、收"四个价格信息，但是阳线为绿色，阴线为红色，这是由于比特币是全球化资产，遵循国际上的着色惯例（如图 3-6 所示）。

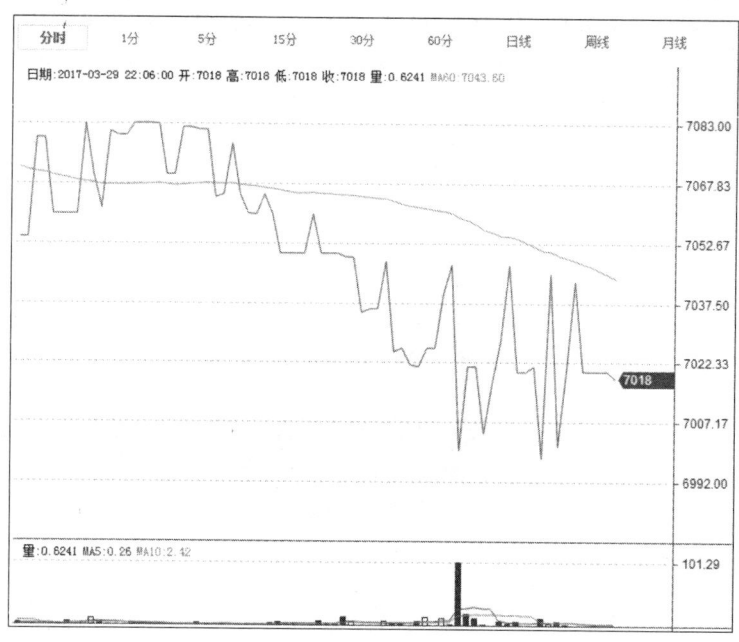

图 3-5　比特币的分时走势图

走势图下方是成交量及附图指标，用于研判行情。大部分平台的行情图表提供均线、布林线、MACD、KDJ、RSI、OBV 等常用技术指标。

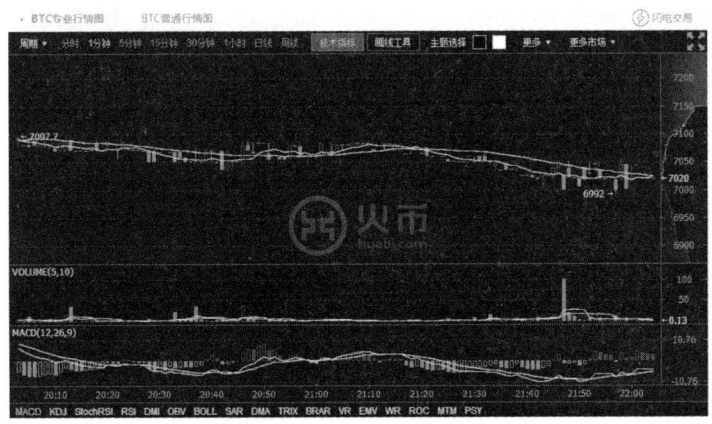

图 3-6　比特币的 K 线图

行情深度图与实时成交

委托面板旁边的盘口一般只提供 5 档挂单深度，但是在火币网的行情图表页面的"买卖盘"中却提供 100 档挂单深度，用于把握市场的供需情况，了解市场当前能够承受多少市价买单和市价卖单（如图 3-7 所示）。"实时成交"显示的是最近撮合的委托。

买卖盘							实时成交		
	累计	买入量	买入价	卖出价	卖出量	累计	时间	价格	数量
1	1.6400	1.6400	7012.30	7028.77	6.5600	6.5600	22:08:19	7016.00	0.1400 ↑
2	1.7819	0.1420	7010.99	7029.94	0.1100	6.6699	22:08:14	7018.00	0.0164 ↑
3	3.1155	1.3336	7010.00	7029.97	7.7272	14.3972	22:08:14	7018.00	0.0364 ↑
4	3.2915	0.1760	7007.51	7043.00	0.3164	14.7136	22:08:09	7018.00	0.0840 ↑
5	4.4915	1.2000	7006.29	7044.24	0.4587	15.1723	22:08:05	7018.00	0.3000 ↑
6	6.9548	2.4632	7005.00	7044.88	0.0831	15.2554	22:08:01	7018.00	0.3000 ↑
7	10.9548	4.0000	7003.10	7045.00	2.2995	17.5549	22:07:34	7018.00	0.0149 ↑
8	22.3628	11.4080	7002.00	7048.97	1.0706	18.6255	22:07:31	7005.00	0.4482 ↓
9	23.2828	0.9200	7001.71	7049.00	4.0000	22.6255	22:07:31	7005.03	0.0200 ↓
10	36.7308	13.4480	7001.00	7049.97	0.0102	22.6357	22:07:23	7005.00	0.5886 ↓
11	37.0148	0.2840	7000.54	7050.00	3.0694	25.7051	22:07:23	7005.03	0.0200 ↓

图 3-7　行情深度图与实时成交

现货交易网站介绍

火币网

火币网是安全可信赖的数字货币资产交易平台,获得真格基金、红杉资本(苹果、阿里巴巴等众多全球知名公司股东)等机构A轮美元资本投资,为全球100多个国家和地区数百万注册用户提供比特币/数字货币/区块链资产交易服务。火币执行严格风控管理,稳定运行3年。截止到2016年年末,火币累计成交额达20 000亿元人民币。

火币网致力于打造安全可信赖的数字货币资产交易平台,团队拥有多年金融风控经验。核心成员毕业于清华大学、北京大学、复旦大学等国内顶级名校,来自中信证券、国信证券、甲骨文、腾讯、阿里巴巴等国内互联网及金融企业。

2015年4月,火币网成立火币区块链研究中心,与清华大学五道口金融学院互联网金融实验室成立"数字资产研究课题"项目,成为中国数字货币行业史上的里程碑。2016年7月,火币网联合五道口金融学院互联网金融实验室、新浪科技发布了《2014—2016全球比特币发展研究报告》,受到业内外广泛关注。

网站注册

登录www.huobi.com,点击右上角"注册"按钮(如图3-8所示)。

03　如何买卖区块链数字货币

图 3-8　火币网首页注册页面

火币网有手机注册和邮箱注册两种方式，在手机注册中，需要填写手机号、验证码、短信验证码及登录密码（如图 3-9 所示）。

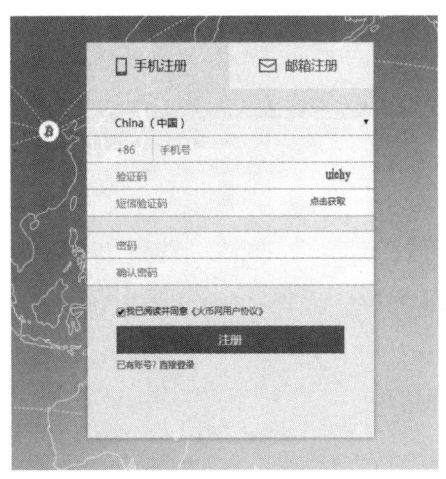

图 3-9　火币网手机注册页面

在邮箱注册中，需要填写邮箱地址、验证码以及登录密码（如图 3-10 所示）。两种注册方式二选一即可。网站提示注册成功，手机号或邮箱地址为账户登录名。点击"登录火币",输入账户密码进行登录。

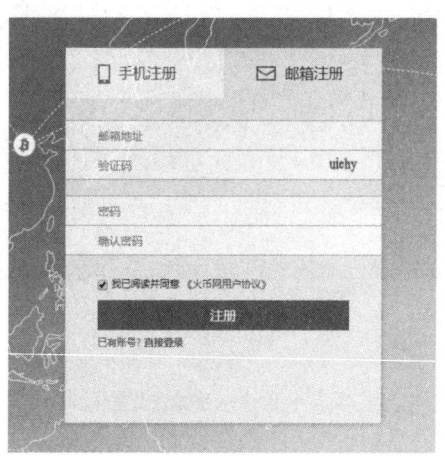

图 3-10　火币网邮箱注册页面

登录后,网页左上角提示你"在进行交易前,你需要完善信息",点击"完善信息"(如图 3-11 所示)。

图 3-11　火币网完善信息提示页面

即使是通过邮箱注册的,也需要绑定手机,输入手机号并进行短

03 如何买卖区块链数字货币

信验证（如图 3-12 所示）。

图 3-12 火币网绑定手机页面

返回交易页面，网站顶部会提示你"在进行交易前，你需要完成安全设置"，点击"安全设置"（如图 3-13 所示）。

图 3-13 火币网安全设置提示页面

输入资金密码，再输入手机验证码，点击"确认"完成资金密码设置（如图 3-14 所示）。

图 3-14　火币网资金密码设置页面

再次返回交易页面，网站提示你"在进行交易前，你需要完成实名认证"，点击"实名认证"（如图 3-15 所示）。

图 3-15　火币网实名认证设置提示

网站提示你在"人民币用户"和"美元用户"当中只能二选一，如果是大陆地区，选择人民币用户，点击第一个"认证"按钮（如图 3-16 所示）。

03　如何买卖区块链数字货币

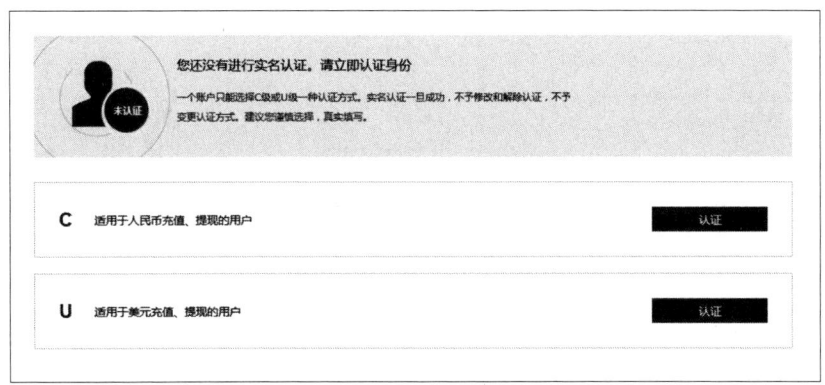

图 3-16　火币网实名认证币种选择

按照网站提示填入姓名、出生日期、国家/地区、证件类型和证件号码，勾上"我承认提交的信息属于本人所有，不存在盗用他人证件的行为"，点击"提交"按钮完成实名认证（如图 3-17 所示）。

图 3-17　火币网人民币用户实名认证页面

人民币充值

点击页面顶栏的"财务"栏，再点击页面左边栏"充值提现"下的"人民币"(如图 3-18 所示)。

图 3-18　火币网财务首页

可以看到有"人民币充值"和"人民币提现"两个选项,默认进入"人民币充值"。选择通过哪张银行卡充值(第一次充值续添加),再输入充值金额,手机可以默认,点击"提交充值订单"(如图 3-19 所示)。

图 3-19　火币网人民币充值页面

这时页面会弹出充值订单,按照提示信息进行银行转账,一般40分钟内到账(如图3-20所示)。

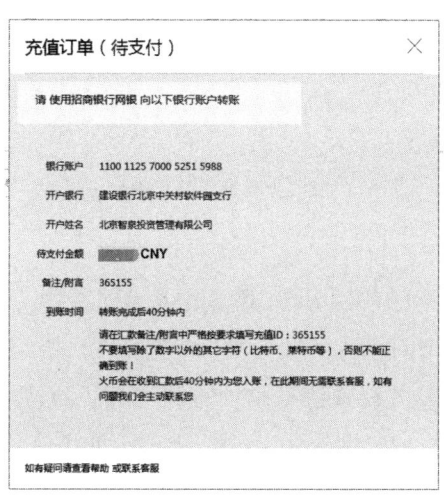

图3-20 火币网(人民币)充值订单

如果充值过程中有疑问,可以点击第2步页面中的"不会充值?点此查看帮助视频"查看教程。

比特币(莱特币)充值

下面我们来讲一下比特币的充值,莱特币的充值和比特币相似,故不重复。

点击页面顶栏的"财务"栏,再点击页面左边栏"充值提现"下的"比特币"。

复制网站给出的比特币地址,粘贴到钱包中的汇款地址一栏,或者是其他网站的提现地址一栏,并汇出。等待比特币网络确认即可,到账时间一般在10~60分钟(如图3-21所示)。

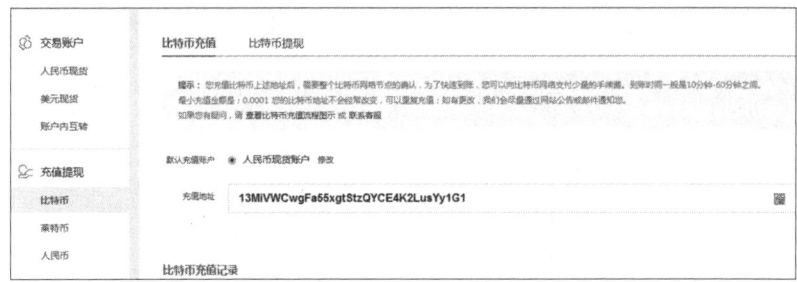

图 3-21　火币网比特币充值页面

人民币提现

点击页面顶栏的"财务",再点击页面左边栏"充值提现"下的"人民币",再在中间上方的"人民币充值"和"人民币提现"中选择"人民币提现"。输入提现银行卡、开户支行、提现金额和资金密码、短信验证码,点击"立即提现"按钮提现。如果有疑问可以点击"立即提现"旁边的"查看帮助"按钮。正常情况下,24小时内可到账(如图 3-22 所示)。

图 3-22　火币网人民币提现页面

比特币（莱特币）提现

下面我们来讲一下比特币的提现，莱特币的提现和比特币相似，故不重复。

点击页面顶栏的"财务"，再点击页面左边栏"充值提现"下的"比特币"，再在中间上方的"比特币充值"和"比特币提现"中选择"比特币提现"。选择账户、提现地址（第一次提现需新增提现地址），输入提现数量，选择网络转账手续费，输入资金密码和短信验证码，点击"立即提现"（如图 3-23 所示）。

图 3-23 火币网比特币提现页面

BTCC

BTCC 最初以"比特币中国"命名，创立于 2011 年，是中国第一家也是目前全世界运营时间最长的比特币交易所。

如今，BTCC 引领着比特币生态圈的各个方面，旗下产品包括比特币中国交易所、BTCC 国池、支付网关、用户钱包、区块链刻字以及 BTCC Mint 硬钱包等。BTCC 是一个提供不同产品和服务的综合平台，方便全球用户能全方面地参与数字货币领域的各个环节。

总部位于中国上海的 BTCC，致力于服务全球客户群，并在安全性、减轻风险、声誉、技术创新方面领导整个行业。BTCC 的使命是为全世界提供最可靠、最便捷的数字货币服务。

BTCC 的特点是它除了拥有比特币兑人民币（BTC/CNY）、莱特币兑人民币（LTC/CNY）的现货交易外，还有莱特币兑比特币（LTC/BTC）交易市场。也就是说，如果要将莱特币换成比特币，或者要将比特币换成莱特币，不需要通过"先卖掉换成人民币再买入另一种币"两个步骤，而是一个步骤，不再通过人民币，极大地方便了投资者。

目前 BTCC 的人民币交易板块已经重新更名回"比特币中国"，使用 btcchina.com 域名，该平台注册、认证、充值、提现、交易的操作和火币类似。

OKCoin

OKCoin 是全球交易量最大的数字虚拟货币（比特币、莱特币）交易平台，提供极其专业的数字虚拟货币交易服务，以技术为支撑，以市场为导向，通过技术创新把传统金融行业产品融入数字虚拟货币领域。2014 年 8 月 OKCoin 国际站上线，2014 年 12 月 OKlink 上线的 OKCoin 成为进军数字虚拟货币市场的中国领导品牌。

OkCoin 又分为中国站和国际站：中国站是用人民币来交易现货的，服务于大陆居民，域名为 www.okcoin.cn；国际站用美元来交易现货，域名为 www.okcoin.com。

OkCoin 的主要特色是具备更为丰富的委托类型，除了限价单、市价单外,还有止盈止损委托、计划委托、跟踪委托、冰山委托和时间加权委托。OkCoin 的注册、认证、充值、提现、交易步骤也和火币类似。

期货与杠杆交易

除了现货交易外,数字货币的期货交易(Futunes Trading)与杠杆交易市场也已经萌芽,成为资本和创业者所追逐的一个新战场。

比特币与全球法定货币之间存在着一个全天 24 小时、全年 365 天无间断的交易市场。尽管其体量与外汇市场相差甚远,但在交易模式、产品线方面已经进化得较为完善了。虽然各国的监管机构对比特币等数字货币的属性有着不同的看法,但这并不妨碍全球各地的创业者们围绕比特币开发出各种金融衍生品。除了现货交易,最常见的衍生品有比特币期货交易及杠杆交易。期货交易的标的是在约定时间进行交割的期货合约,而杠杆交易的标的是不需要交割的差价合约(Contract for Difference,CFD)。

• 期货交易指的是交易者在交易所内以公开集中竞价的方式买卖的期货合约,买卖双方根据合约条款的规定,在未来某一特定时间,依据当时的现货价格进行结算的一种期货产品。由于比特币期货不存在实物产品的交割,交易成本极低,这也为不可交割的差价合约提供了广泛的想象空间。

• 差价合约本质上是一种场外交易工具,允许交易者利用即期市场上的杠杆,在指数和商品市场上开展交易,而不需要实际购买相关证券。CFD 所涵盖的商品可以是所有有浮动价格的东西,包括各国证券市场指数、各国外汇、贵金属、农产品及大宗商品、股票等。

由于差价合约是不可交割合约,即合约中的商品不会进行实物交割，结算时只进行差价的现金结算，所以差价合约理论上是没有期限的。在结算时，结算价往往会按照结算时的市场价进行结算，这时如果你交易的商品的买入价加上贷款成本低于卖出价的话，那你就会有盈利，否则就会有亏损。

在比特币的差价合约交易中，还需要考虑到贷款利息的成本。贷款可以是通过交易所提供，或者是在交易所内的 P2P 借贷市场内提供，前者的利息一般而言是固定的，后者则是浮动的，由市场决定。无论是比特币的期货或是差价合约，都有做多或做空的双边获利机会。

从 2013 年 7 月 796 交易所推出了比特币第一个期货产品开始，以比特币为代表的区块链数字资产的期货交易和杠杆交易已经走过了 3 年的时间。比特币的期货交易和杠杆交易发展并非一帆风顺，各国监管政策屡有变化。

- 2013 年 6 月，796 电子交易平台上线，它是国内第一家比特币期货交易所。7 月 1 日，开放比特币周合约交易，8 月 12 日又推出融资融券业务，进一步开发和丰富了比特币金融衍生品种。随后一些国内的大型现货平台也推出杠杆交易。
- 2013 年 9 月 1 日，火币网开通现货交易的同时推出融资融币业务，可以做多做空双向交易，3 倍杠杆。
- 2013 年 12 月央行等五部委发布《关于防范比特币风险的通知》，消息导致期货价格大幅波动，不少交易者的账户被迫平仓。
- 2014 年 3 月，央行向各分支机构下发了一份名为《关于进一步加强比特币风险防范工作的通知》，该文件禁止国内银行和第三方支付机构替比特币交易平台提供开户、充值、支付、提现等服务。被贴上"比特币"标签的银行账户在 4 月 15 日前需关闭。随后国内 5 家比特币交易所发布联合自律声明，停止杠杆交易业务，但并没有得到严格执行。

• 2014年1月，我国香港Bitfinex平台推出3.3倍双边杠杆交易及P2P借贷，凭借可靠的平台性能和完善的产品设计，在短时间内迅速成长为交易量最大的交易平台，但这也为2016年8月被盗12万枚比特币埋下了伏笔。

• OKCoin在2014年3月完成融资融币业务内测，并在国内首创P2P放贷。2014年8月，OKCoin推出比特币期货虚拟合约交易，杠杆最高20倍。

• 2014年9月，火币网通过子站BitVC推出期货交易。随后BTC-Q及中币网也进入了期货交易市场，BTC-Q推出了激进的50倍杠杆产品，这意味着只要比特币价格出现2%的波动就会获得100%的损益。由于竞争过于激烈，BTC-Q及中币网的期货产品相继退出了市场。

• 2015年大部分时间内，比特币的现货交易低迷，期货市场的活跃度也开始降低，不再火爆。

• 2016年7月改版后，比特币期货产品已经从796的交易列表中消失。

比特币期货交易一度在国内数字货币生态圈内引起争议。赞同者认为期货合约交易为市场提供了流动性；反对者则认为期货交易实质上通过操纵币价收割韭菜（小散户），导致币价下跌，进而造成用户离场，人气低迷，形成恶性循环。在数字货币资产交易市场中，期货交易必然动用杠杆（保证金交易），而杠杆交易则不一定与期货交易有关。

下面我们将以期货交易所和杠杆交易所为主线，尽可能地为读者呈现出目前野蛮生长的比特币衍生品交易市场。

Crypto Facilities：芝加哥商品交易所集团合作伙伴

2016年9月，数字资产服务商Crypto Facilities（以下简称CF）获得150万美元种子轮融资。Crypto Facilities是一家位于伦敦的比特币衍生品交易所，由高盛的前任总裁和巴黎银行前高管共同创立。蒂莫·斯莱佛（Timo Schlaefer）是金融工程学博士，从高盛企业并购部门转移到信用量化模型部，并担任了执行董事。在2014年，他创立了Crypto Facilities公司，专门经营比特币衍生品交易。CF仅接受比特币，并且仅有比特币期货交易，没有现货交易。2016年10月上线XRP期货合约，是瑞波币目前唯一的期货产品。其期货合约期限从1周到9个月不等，每张合约代表1枚比特币，经典模式下可使用6倍杠杆，加速模式下有50倍杠杆。结算价格以站内的CF-BPI为准，交易手续费依交易量大小为0.05%至0.01%不等。比特币存储方面使用了Elliptic提供的多重签名及安全存储技术。每周三17时（UTC时间，即国际协调时间）会进行链上（On-blockchain）的结算。CF具体的交易品种详见表3-1。

表 3-1　　　　　　　　　　CF 交易的品种列表

交易代码	合约类型	交易对	结算参考指数	杠杆倍数	交易手续费	价差
F-XBT:USD	期货	BTC/USD	CF-XBT:USD-RR	6×	0.00%/0.08%	0.09%
T-XBT:USD	加强版期货	BTC/USD	CF-XBT:USD-RR	50×	0.00%/0.08%	0.09%
F-XRP:USD	期货	XRP/USD	CF-XRP:USD-RR	8×	0.00%/0.08%	0.13%
F-XRP:XBT	期货	XRP/BTC	CF-XRP:XBT-RR	5×	0.00%/0.08%	0.13%
独家特色：所有产品受英国金融市场行为监管局（FCA）监管；损失先平摊；全额投保，充值可在区块链上验证							

该站提供经典及加速模式。经典模式下，可以看到最近四周的合约、次季度及半年度合约。最后交易时间为周五16时（UTC时间），

而结算时间是18时(UTC时间),中间有两个小时的结算时间,提供了6倍杠杆。2016年5月推出加速(Turbo)模式,提供了50倍杠杆交易,有本周及次周合约两个品种。由于杠杆倍数大,适合短期交易,不适合长期持有。

芝加哥商品交易所(CME)于2016年11月13日发布了两个比特币价格指数产品——比特币实时指数(Bitcoin Real Time Index,BRTI)和比特币参考指数(Bitcoin Reference Rate,BRR)。由于这个产品是与前高盛高管创立的Crypto Facilities合作开发的,因此被冠上CME CF的前缀。

凭借CME集团的强大市场号召力,这一指数有望一统天下,结束比特币衍生品的结算没有统一标准的乱局。

Bitmex: 提供百倍杠杆

Bitmex于2014年12月开始交易,其在我国香港平台上的注册地为塞舌尔。提供期货交易和杠杆交易。期货交易方面提供本月合约和永久合约(Perpetual SWAP),后者为没有结算日期的合约,杠杆最高为50倍。交易币种包括比特币(最高100倍杠杆)、门罗币(10倍杠杆)和以太坊(33倍杠杆)。

Bitmex提供了一系列的合约产品(详见表3-2),尤其是2016年10月28日才上线的Zcash,已经有了2016年年底结算的期货合约。而近期Zcash的大热也给Bitmex带去了不少人气。Bitmex提供了最为详尽的信息披露,甚至包括合约的计算公式。

表 3-2　　　　　　　Bitmex 的主要合约产品

产品	类型	产品标的	结算价格指数	最大杠杆	交易手续费*	价差
XBTUSD	杠杆	比特币/美元	Kaiko	50倍	-0.025%/0.075%	0.05%
XBJ24H	期货（当天合约）	比特币/日元	Quoline	100倍	-0.025%/0.075%	0.15%
ETHXBT	杠杆	以太币/比特币	Poloniex	33倍	-0.025%/0.075%	1%
ETC7D	期货（当周合约）	以太币经典/比特币	Poloniex	10倍	-0.025%/0.075%	1%
XMR7D	期货（当周合约）	门罗币/比特币	Poloniex	10倍	-0.025%/0.075%	1%
ZECZ16	期货（当月合约）	Zcash/比特币	待确认	2倍	0%/0.25%	10%
FCTXBT	杠杆	公正通/比特币	Poloniex	10倍	-0.025%/0.075%	1%
LSKXBT	杠杆	Lisk/比特币	Poloniex	10倍	-0.025%/0.075%	2%
LTCXBT	杠杆	莱特币/比特币	Poloniex	25倍	-0.025%/0.075%	2%
BFXU16	期货（当月合约）	BFX代币/美元	Bitfinex	25倍	-0.025%/0.075%	4%

* 交易手续费方面实行的是 Maker-taker 制度，最高可获得 0.025% 的返还。

Coinpit：无需信任的数字货币交易所

Coinpit 由华尔街老兵巴拉斯·劳（Bharath Rao）在 2015 年开始开发的，该平台最大的创新点是使用多重签名来确保资金安全。

用户在注册时会随机生成一个比特币私钥，并以 json 文件的形式让用户存储起来，同时这个公钥也就成为了用户的 ID。然后网站会生成一个多重签名地址，用户在充值时需要把比特币发到这个以"3"开头的多重签名地址。如果要转移这个地址里的比特币的话，需要 Coinpit 和用户自己同时签署交易方可完成。

用户提现后，这笔交易并不是即时广播到整个网络上。

用户充值到多重签名地址后即可进行交易。交易是链下的，以便达到即时快速的效果。为了避免双花，用户在站内开仓后比特币将会转移到由 Coinpit 控制的地址内，直到交易结束为止。

796：比特币衍生品交易先行者

796 交易所（www.796.com）是在塞舌尔注册的七九六电子交易有限公司旗下的综合性交易平台，成立于 2013 年 6 月。796 交易所的交易品种涵盖了股指期货合约、大宗商品合约和外汇合约，如美国三大股指（道琼斯、标准普尔和纳斯达克）、原油、黄金、美元/离岸人民币等。合约设计使用户可以以低至 10 美元的保证金就可以交易。

成立之初，796 交易所就首创了以比特币为保证金、双向 T+0 的比特币合约交易，在当时比特币价格大幅波动的背景下，为比特币投资者提供了对冲工具。2015 年 5 月起，796 交易所扩大交易品种，推出了以新交所新华 A50、纽交所轻质原油为代表的与全球各大交易所对接的主流交易品种。2016 年 7 月，796 交易所改版，增加了美元保证金交易，但 796 交易所赖以起家的比特币期货合约已经不见踪影。

除了以上介绍的交易平台外，还有一些交易平台如 Kraken 及 Poloniex 等提供了杠杆或期货交易，具体的比较详见表 3-3。

表 3-3　　　　　　　　各大比特币期货交易所的产品比较

平台（最高杠杆倍数）	产品类型	买卖价差	杠杆货款日息	损失分摊机制
1Broker（5x）	差价合约（CFD）	0.20%	0.1-0.15%	无
SimpleFX（10x）	差价合约（CFD）	0.23%	0.18%	无
WhaleClub（10x）	差价合约（CFD）	0.2-0.5%	0.20%	无
Bitfinex（3.3x）	现货/杠杆交易	0.01-0.1%	0.01-2%（P2P借贷市场提供，最高2%）	无
Kraken（5x）	现货/杠杆交易	0.05-0.2%	0.1%（交易所提供资金，非P2P借贷市场）	无
Poloniex（2.5x）	现货/杠杆交易	0.01-0.05%（依市场流动性情况变化）	0.01-2%（P2P借贷市场提供，最高2%）	无
OKCoin.com（20x）	期货	0.01-0.05%（依市场流动性情况变化）	0%	有
BitMEX（100x）	期货	0.02-0.25%（依合约/流动性不同而变化）	0%	有
CryptoFacilities（6x）	期货	0.05-0.8%（依合约/流动性不同而变化）	0%	无

场外交易

2016年6月27日，美国区块链初创项目Civic（一个数字身份认证服务）的创始人维尼·林汉（Vinny Lingham）在推特上发文："一个被忽略的事实是，比特币场外交易（Over the Counter，OTC）比线上交易所规模更大，线上交易所设定价格，但大宗交易是在场外成交的"。该推文获得大量转发（如图3-24所示）。

图 3-24　维尼·林汉就比特币场外交易的推文

2015 年，美国法警拍卖从丝路网站缴获的比特币时，中标者之一为比特币场外交易商 Cumberland Mining，从其公布的地址来看，曾经发生过一笔 27 000 枚比特币的交易。

当然，这更像是一次秀肌肉的交易而已。场外交易要的就是低调奢华有内涵，不是吗？

下面，我们将从什么是比特币的场外交易讲起，历数比特币场外交易经历的四个发展阶段，即聊天室场外交易、论坛担保交易、场外交易网站、去中心化客户端交易，并且列举其中的一些代表性网站或者项目，最后探讨一些常见的场外交易问题。

比特币的场外交易介绍

场外交易由来已久，源自于当初银行兼营股票买卖业务。因为采取在银行柜台上向客户出售股票的做法，也被称为柜台交易市场。又因为这种交易不在交易所里进行，也叫作场外市场或店头市场。

高举 P2P 大旗的比特币在诞生之初多少有点尴尬：基础设施不完善，没有线上交易场所；用户稀少且散布全球各地，线下交易也不方便；由于缺乏应用，比特币无法与现实商品或资产产生关联，因此无法确定价格；比特币最早的客户端是自带一键挖矿功能的，任何人都可以运行自己的电脑来挖矿，交易所并非唯一的获取途径。

以比特币为代表的数字货币场外交易，从那块"史上最贵"的比萨饼开始，经历了线下的面对面交易、线上论坛/网站交易，到现在分布式客户端交易等多个阶段。趋势是从中心化向去中心化演变，从散兵游勇向专业化机构演化。

- 2009年1月12日，中本聪发送了10枚比特币给哈尔·芬尼。他们之间究竟达成了什么样的协议，至今仍然是个谜。
- 2009年10月5日，New Liberty Standard 发布了第一个比特币与美元的兑换价格，1美元=1 309.03比特币。这个数字来源于当时一台电脑挖到1枚比特币所需的电费。
- 2010年10月17日，一个名为 #bitcoin-otc 的交易频道在 IRC 聊天室开张了，这也是比特币场外交易的第一次公开露面。
- 2010年10月28日，在聊天室围观群众的见证下，第一笔比特币的看空期权交易完成，用户 nanotube 贷出100枚比特币给用户 Kiba。
- 2010年12月9日，第一份比特币看涨期权合约在比特币场外交易市场上卖出，合约双方为 nanotube 和 sgomick。
- 2011年1月27日，史上"面额最大"的一次交易在场外交易聊天室完成，有人用三张面值100万亿的津巴布韦币换了12枚比特币。
- 2012年10月22日，用户 NaruFGT 与 sycho2 之间达成了一笔场外交易。

聊天室场外交易

初期比特币场外交易的实现依赖于 IRC（Internet Relay Chat）和 WOT（Web of trust）两个组件。

第一个组件是 IRC，中文一般称为互联网中继聊天，免注册、免登录是其最大特色。IRC 是一种由芬兰人贾可·奥卡林能（Jarkko Oikarinen）于 1988 年首创的网络聊天协议。经过 10 年的发展，目前世界上有超过 60 个国家提供了 IRC 服务。IRC 的工作原理非常简单，用户只要在自己的 PC 上运行客户端软件，然后通过互联网以 IRC 协议连接到一台 IRC 服务器上即可。它的特点是速度非常之快，聊天时几乎没有延迟，并且只占用很小的带宽资源。所有用户都可以在一个被称为"频道"的地方就某一话题进行交谈或密谈。每个 IRC 的使用者都有一个昵称。

当时的交易大概是这个样子的：

如果你要用 0.38 美元的价格买入比特币，你需要在聊天窗口输入 ;;buy 100 btc at 0.38 USD optional notes go here，又或者你想用一克金子（包邮价）来换取 115btc，可以输入 ;;sell 1 "1g gold bar" at 115 btc price includes shipping, one bar for 115btc。

第二个组件 WOT 是用户信用评价系统，用户在交易之前要到这个网站上查看一下交易对手的信用情况，然后再决定是否交易。例如，2014 年倒闭的 Mt.gox 曾是这个网站上的早期用户，并曾获得较高的评级。

随着比特币价格的上涨，有用户选择放弃信用评级，利用蓄谋已久的骗局兑现，并且完全不需要担心受到法律的制裁。这种交易方式暴露出自身效率低下、匿名交易高风险的弊端。

论坛担保交易

2010 年 10 月 16 日，论坛用户 Diablo-D3 与 nantube 之间达成了第一笔有记录的担保交易。

自 2010 年年底开始，bitcointalk 论坛出现了以个人信用担保的场外交易。交易对象五花八门，比如说买 ASIC 矿机，或者是一枚比特币实体硬币，甚至是网站股票等。当时比较著名的"三巨头"有 Monbux、Tomatocage 和 OgNasty。OgNasty 一直为网友提供担保交易，虽然收取的手续费达到 1%，但其客户仍然络绎不绝。

OgNasty 的担保交易流程如下。

• 买方 A 和卖方 B 选择一位共同信任的担保人 C，向 C 发起担保交易申请。

• C 同意后，会告诉双方一个比特币地址，买方 A 向这个地址发送约定金额的比特币。

• C 收到比特币，告知卖方 B 发货。

• 买方 A 收货后，告知担保人 C 可以把比特币发送给卖方 B 指定的收款地址。

从 2013 年 9 月开始至 2016 年 9 月，OgNasty 所公布的地址上已经有 3 000 多笔交易，近 1.9 万枚比特币。

担保交易的缺点是一笔交易耗时冗长。担保人与两个交易者之间很可能处于全球不同的时区，担保人 8 个小时后才看到交易者的指令也不奇怪。但至今仍然活跃的原因是其交易过程中用户的匿名性得到了保证。

场外交易网站介绍

在比特币交易圈生存的第一法则就是"不要相信任何人"。但由于交易网站具有直观、撮合交易快等优点，一些场外交易网站看到了其中的商机后纷纷进入这个市场。

下面就介绍几家场外交易网站。

LocalBitcoin

场外交易网站中目前交易额最大的当属 LocalBitcoin。LocalBitcoin 成立于 2012 年，总部位于芬兰的赫尔辛基。CEO 及创始人杰里米·坎加斯（Jeremias Kangas）是一位程序员和企业家。LocalBitcoin 网站刚成立时，比特币还远没有进入主流视野。2013 年年初及年末的两次暴涨行情引发了全球大众关注，但由于跨国汇款壁垒重重，散布于世界各地的人们想要交易却发现本国没有交易网站，LocalBitcoin 正好弥补了这一空白。从 2016 年 1 月至 2016 年 9 月，LocalBitcoin 网站的每周交易量均稳定在 2 万枚比特币以上，2015 年 10 月交易量达到峰值 39 090 枚比特币。

只需注册用户并通过实名认证，就能在用户和用户之间实现 P2P 交易。因此 2013 年 LocalBitcoin 迎来了跨跃式发展，其用户和交易量大增，一举奠定了其目前在比特币场外交易所的龙头地位。令人惊奇的是，与其他交易所多轮融资的情况不同，LocalBitcoin 接受的风投资金目前仍然为 0。

LocalBitcoin 交易分为在线交易（银行转账、支付宝等方式）及现金交易两大类，后者会依据用户所在的位置给出最近的交易员推荐，由双方面对面进行交易。据称，LocalBitcoin 已经在 249 个国家和地区的 13 602 座城市提供了比特币的交易服务。

有别于中心化的交易所，LocalBitcoin 提供了一个点对点之间的交易平台。国人若想与外国人交易比特币，仍然需要通过西联汇款或 Paypal 等传统渠道转账。

LocalBitcoins 作为最大的 P2P 比特币交易平台，其交易量在过去

12个月中翻了一倍，拥有来自249个不同的国家和地区超过100万的注册用户。

  2015年1月，自称是"数字游侠"的男子费利克斯·韦斯（Felix Weis）用18个月仅携带比特币环游世界27个国家，期间利用比特币换取19国货币，完成了环游世界的旅程。而他使用的网站正是LocalBitcoins，他发推文感慨道："我做到了！仅依靠比特币，我完成了一次环球背包旅行，这次旅程开始于18个月之前。感谢LocalBitcoin帮我找到了比特币的现金交易者和27个国家19种法币。"（如图3-25和图3-26所示）。

图3-25　费利克斯·韦斯用比特币18个月环游世界的路线图

03 如何买卖区块链数字货币

图 3-26　费利克斯·韦斯特别致谢 LocalBitcoins 提供的服务

LocalBitcoin 主打的卖点如下。

- 类似淘宝的第三方担保交易系统，保障买家和卖家权益。
- 信誉系统可以帮助你搜索和筛选值得信赖的客户。
- 动态定价系统提供几百个源数据，保证始终为您提供最新的价格。
- API 允许你设置自己的交易应用程序，实现交易自动化。
- 在 LocalBitcoin 上交易需要注意的是部分转账方式是可以被逆转的，即使资金已到达你的账户，付款提供商仍可以取回资金。例如，PayPal 付款在 180 天内可逆。但比特币则不同，一旦交易被广播到区块链上，任何人都无法将其逆转。

币看 OTC 交易

我国国内正式涉足比特币场外交易的公司目前只有一家——币看。币看创立于 2013 年，一开始主打 K 线行情和资讯，支持自定义行情。2013 年比特币出现两轮暴涨，催生大量行情类 App，至今仍能在分发市场上找到它们的"尸体"，但只有币看存活至今，并在 2016

年获得了比特大陆的千万元投资。币看在 2016 年进行重大改版，App 内添加了"买卖"功能，正式进入了比特币场外交易市场。交易最低限制由卖方设定，最低 0.001 币起。

注册用户可以向币看申请成为交易员，通过客服人员的身份验证后，即可充值比特币成为卖方。通过交易员之间的竞争，可以给普通用户提供更优惠的价格和更好的服务。一旦出现交易纠纷，币看将以第三方身份处理。买卖均可以选择交易对象，交易后有用户评级，5 星最高。

itBit

itBit 于 2013 年 11 月上线，现已从新加坡搬到美国纽约，并获得当地合规信托牌照，是目前比特币交易量领先的网站中唯一提供 OTC 交易的平台。据称当天完成结算，最低交易额为 100 枚比特币，交易费为 0.1%。

在 2016 年 5 月的月报中，itBit 提供了平台场外交易的统计图，当月交易量达 19 710 枚比特币，其中机构交易占 74%，汇款交易达 17%，零售交易为 9%。

自 2016 年 5 月后，该站的场外交易月报便停止了更新。

Coinfloor

Coinfloor 是一家位于英国伦敦的场外交易网站，创立于 2013 年，同时经营在线交易和场外交易，其主打的交易对为 GBP/BTC。Coinfloor 在线交易的成交量并不算大，但其经营时间可能在业内是最长的。而且最难能可贵的是，Coinfloor 每月都定期发布一次可证明偿付能力（Provable solvency）报告，截止到 2016 年 9 月 Coinfloor 已经发布 30 期偿付能力报告。

CumberlandMining

CumberlandMining 的官网主页上是一个矿车，勉强能联想到比特币的挖矿。除此之外没有任何关于公司的简介信息，低调而神秘。据其官网称，Cumberland Mining 是美国 DRW 公司的一个子公司，比特币场外交易额最低 25 000 美元起步。美国 DRW 公司是一个有着 25 年历史的交易商，公司名字来源于创始人堂·威尔逊（Don R.Wilson Junior）的首字母缩写。他在 20 世纪 80 年代末活跃于芝加哥 Mercatile 交易中心。随后的数年中，堂·威尔逊利用技术杠杆、研究和风险管理来确认和捕捉机会。其亚洲分公司高管也曾在 2016 年访问中国同行，探讨在将区块链技术应用于大宗商品交易的可能性。

双子座

2016 年 9 月，由泰勒·文克莱沃斯（Tyler Winklevoss）和卡梅伦·文克莱沃斯（Cameron Winklevoss）双胞胎兄弟创办的比特币及以太坊交易平台双子座（Gemini），推出每日一次的比特币拍卖活动。对于纽约证券交易所或者纳斯达克而言，这种日常拍卖活动早已是家常便饭。但对于比特币交易所而言，双子座或许要属世界首例。泰勒·文克莱沃斯曾说过："这是有史以来，在比特币交易所上进行的首例日常拍卖活动，对于传统交易所来说，这是一种相当标准的功能，但直到现在，没有其他任何一家比特币交易所使用了这种功能。"

2011 年奥斯卡最佳影片《社交网络》（*The Social Network*）讲述了马克·扎克伯格如何建立和发展 Facebook 的发家史，影片中扎克伯格与文克莱沃斯双胞胎兄弟最终对簿公堂。但他们头上还有另一个光环："兄弟俩拥有的比特币比任何人所知道的都要多。"

很明显，双子座是想通过这种拍卖和场外交易方式与现行的场外交易进行竞争，泰勒·文克莱沃斯称这种交易方式有如下优点。

・交易各方都会依据当天的市场信息作出判断，从而实现更好的价格发现。

・可作为市场价格指数参考。每天下午 4 点结束的拍卖价格会给其他资产提供一个锚定的参考指标，如用于记账或计算的回报。

・交易手续费更低。根据双子座的手续费折扣政策，符合条件的交易者最多可以得到 15 个基点（0.15%）的回扣，传统场外交易的手续费可能是 1%~2%。

・即时结算。拍卖中成交的交易会立刻结算，资金也处于随时可转移的状态。这免除了传统场外交易可能需要确认电话或电子邮件，还有其他专门的文书工作以及资金转移中的风险。

・没有交易对手风险。因为交易者的账户都是预先充值的，结算时立刻从账户划转，不用担心交易者临时退出交易。而在传统 OTC 交易中，用户在交易时其账户可能没有足够的余额。

双子座想要拉开与场外交易的距离，而且从其撮合机制上来看确实比传统的场外交易更加透明，但交易所本身承担了更多的风险。

据 2015 年 10 月《财富》杂志报道，在获得纽约金融服务管理局（New York Department of Financial Services）颁发的执照后，双子座是以第一家完全合规的美国比特币交易所的姿态开始进入市场的。尽管有点晚，但其运营方不愿意承担"非法"经营的谨慎态度显露无遗。

美国场外证券市场的数字货币基金

在美国传统的股票市场上，也能发现比特币场外交易品种的身影。美国除了纽约证券交易所、美国证券交易所以及纳斯达克三大主流交易市场之外，还有较专业的 8 个交易所，如美国场外柜台交易系统（OTCBB）。2003 年至 2013 年年底，共有 117 家中国企业借道 OTCBB 辗转登陆三大主流交易所——美国 OTCQX、OTCQB 和 OTC

Pink 同属于一家独立公司，三个交易所统称场外市场，这三个交易所归同一家公司所有，但各自定位不同，区别如下。

• OTCQX 的建立是为了投资者专注的美国公司和全球公司。为了能在 OTCQX 上有交易资格，公司必须满足较高的财务标准，证明公司的股票符合美国证券法律标准，持续做好信息披露，同时接受专业的第三方咨询服务。区别于其他市场的公司，OTCQX 上的公司是通过运营的完整性来证明其资质的。

• OTCQB 的建立是为了那些创业级别和发展阶段的，暂时无法满足 OTCQX 交易资格的美国公司和国际公司。为了在 OTCQB 获得挂牌资格，公司必须进行持续的报告信息披露并且进行每年的验证和管理资格认证。这些标准为公司技术和管理方面的信息透明度提供了参考标准。同时投资者也可以从中学习判断信息价值，获取交易实战经验。在 OTCQB 上交易的公司必须满足最低 0.01 美元要价测试且不能破产的规定。

• OTC Pink 的建立是可以通过任何股票经纪人交易广泛的股票。这个市场是为了那些由于违约、危难或者有意图的任何类型的公司来交易股票的，这也就是为什么这个市场需要通过这些公司提供不同级别的信息来进一步细分归类的原因。

这三个场外交易市场加起来有超过 10 000 家上市企业，寄居于此的多半是从纽交所、纳斯达克摘牌的企业，但也有一些大公司在成长为巨头之前也在此交易，如任天堂、Facebook 等。目前在美国场外交易市场上交易的比特币资产共有 2 只。

比特币投资信托基金

2013 年 9 月 26 日，比特币投资信托基金（Bitcoin Investment Trust，BIT）开始在当时的私人股票交易所 Secondmarket 上开始募集资金。Secondmarket 在 2015 年被纳斯达克收购。

2015年3月26日，第一个可公开交易的比特币信托基金GBTC在OCTQX市场上挂牌交易，代码GBTC，每一股对应约为0.1比特币。由于这个基金是被动持有比特币，不产生任何利润，而每年都会产生一定的管理费用，这意味着随着基金存续时间的延长，其内含的比特币数量会被逐年摊薄。

截至2016年10月，GBTC的流通股份数量为1 811 300，每股已经被摊薄到了0.09398077比特币，即基金目前持有约170 227比特币。以2016年10月11日的报价截图来看，每一股GBTC的价格为90美元，但是此时主流市场交易所的价格仅为630美元左右，意味着GBTC的合理价格应该是63美元左右。GBTC的溢价很明显来自于为场内资金提供了唯一合法的比特币风险敞口。

BITCF

BITCF公司前身为一家名为Grand Pacaraima的金矿勘探公司，在2016年8月15日获准更名。据其披露的信息看，该公司在2014年就开始介入比特币挖矿、支付业务、在线产品销售及其他比特币的相关业务，计划在全球展开运营。目前公开披露的公司名下的资产是一个委内瑞拉的金矿勘探权。在OTCPink上交易也意味着其合规及信息公开程度要弱于之前提到的GBTC。

去中心化客户端交易

上述的场外交易依赖着论坛个人或者网站的第三方服务来完成，如果第三方服务出现问题，则交易无以为继。因此免除第三方服务的P2P客户端——去中心化交易客户端交易也应运而生。

Bitsquare

加密数字货币之间的去中心化交易所已经面世多年了。2015年，竞争币比特股（Bitshares）及 未来币（NXT）的开发团队相继推出了内置交易所的客户端。只需安装好软件就可以浏览并且交易，不过这些交易仅限于币与币之间的互换，直到2016年Bitsquare的出现。

Bitsquare客户端最大的特点是打通了法币渠道，缺点是内置的Tor功能在国内很难联网，导致客户端无法使用。

2011年曼弗莱德·卡尔（Manfred Karrer）了解到比特币后，对其产生了浓厚的兴趣。与此同时，曼弗莱德·卡尔也敏锐地觉察到了去中心化交易软件的市场需求。依靠曼弗莱德·卡尔的个人积蓄和捐助，历经两年多的开发后，在2016年4月PC版的Bitsquare开始公测。

Bitsquare是一个开源软件，用户可直接通过这个软件进行比特币及其他数字加密货币的买卖，并不依赖于第三方网站。用户可以查看、发布和接受比特币交易。用户提交订单后，会被展示在一个公共订单内。所有的链接都是通过Tor连接。其交易方式更类似于LocalBitcoins而非Bitstamp。但不同的是，Bitsquare是完全去中心化的，意味着Bitsquare系统内不持有任何比特币、法定货币或其他数字货币，资金完全由用户自己保管。

Bitsquare与中心化交易所的主要区别如下。

• 中心化交易所需要遵循了解你的客户（KYC）和反洗钱法（AML）的规定，注册用户在交易前必须提供个人信息，包括地址、账单、身份证明文件等，而Bitsquare则不用这样做。

• 与传统交易所不同，Bitsquare系统中不存在任何中间人或者中央服务器，因此攻击者不可能攻破系统。

• Bitsquare的安全性不是靠躲藏实现的，而是建立在公开透明的基础之上。

• 交易所网站代码不是开源的，而Bitsquare是开源代码，任何人都能检查代码。在检测到可疑情况时，任何人都有权提交代码修改申请。

- 用户的资金和数据是本地储存,风险因此转移到用户自己身上。内部钱包客户端提供密码保护服务,其维护资金直接来源于用户自己的钱包。
- Bitsquare 从不保存用户资金或数据,用户也无需在该平台上注册。
- 可持续发展。Bitsquare 可视为一个自治组织(DAO)。交易手续费会支付给 DAO 成员及第三方仲裁人。

Bitsquare 目前支持银行转账、欧元区内快捷支付(SEPA)、OKPay、完美钱包(PerfectMoney)、支付宝(Alipay)等多种法币及 50 多种竞争币转账,但并不支持可撤销付款的支付处理商,如 Paypal 和信用卡等。

Bitsquare 的问题主要在于用户较少、交易不活跃,目前其深度最好的市场为 btc/eur 交易对。根据 Manfred Karrer 公布的两个接收交易手续费地址 1FdFzBazmHQxbUbdCUJwuCtR37DrZrEobu/19xdeiQM2Hn2M2wbpT5imcYWzqhiSDHPy4 来看,按照每一笔交易卖方需交纳 0.0003 比特币和买方交纳 0.0008 比特币来计算,截至 2016 年 11 月 1 日,共发生了 1 959 笔交易。而据创始人的统计,从 2016 年 4 月至 9 月的成交量总额为 541 枚比特币。

游走于灰色地带的场外交易

2015 年 8 月,注册地为江苏省张家港保税区的伊世顿公司国际贸易有限公司被曝在中国股指期货市场以高频交易方式非法获利,以 700 万元获利高达 20 多亿元人民币。但如何把这笔钱汇出中国成为困扰伊世顿高管的问题。因为按照现行对外汇进出境的规定,外商独资企业的外汇进出需要有合法的贸易项下合同或者外管局对资本项下进出的批准。

他们想到了比特币。

2015年5月,伊世顿的两名高管与比特币中国(BTCC)相关人士见面,希望每月购买1万枚比特币,最好是比特币中国旗下的矿池挖出的"新比特币"。在潜在的大客户面前,比特币中国保持了审慎,坚持让伊世顿方面按照反洗钱(AML)及了解客户(KYC)的通行要求提供身份证明及资金证明,包括营业执照、法人护照、银行转账法人证明、地址、资金来源等文件。不过,最终由于伊世顿提交的资料不全,不符合实名认证要求,双方合作告吹。

2015年11月3日,在伊世顿公司被调查后,比特币中国向有关部门说明了情况。

2016年8月,伊世顿公司的两名高管及华鑫期货的一名高管以涉嫌操纵期货市场罪被依法提起公诉。

淘宝网在2014年1月7日晚间发布公告,宣布将于1月14日起禁售比特币、莱特币等互联网虚拟币等商品。

2014年3月中旬,央行下发《关于进一步加强比特币风险防范工作的通知》,重申对比特币的态度,并提示比特币具备的匿名、跨境流通便利等特征,要求金融机构将比特币纳入反洗钱监控。该文件要求各银行和第三方支付机构,关闭十多家境内的比特币平台的所有交易账户。这意味着金融机构为比特币网站平台的交易账户开户为不合法,除非现金交易,比特币的投资者无法在中国境内为交易进行银行转账、第三方支付。

2015年,该政策执行出现松动,各大平台的银行充值通道逐渐开启。

游走在监管的灰色地带,或许这就是所有场外交易者一直焦虑的原因。

04

数字货币投资分析框架

如果把数字货币投资比作矿山寻宝,那前几章已经介绍了什么是宝贝(数字货币种类)、发现宝贝如何挖掘(如何交易),相信你已经按捺不住想跃跃欲试,投入资金开始自己的数字货币寻宝之旅了。

要想真正在矿山挖到真金白银,而不是破铜烂铁,我们还需要一样东西——藏宝图。本章试图帮助大家建立一个简单的分析框架,即指导数字货币投资的藏宝图。

熟悉股票的朋友都知道,股票投资有很多流派,如价值投资派、技术分析派、成长投资派等,每一派别都有自己的理念体系和分析框架。这些理念和分析框架经过了几十年甚至上百年的检验,非常成熟和完善,能够帮助投资者识别机会,提高成功概率。

同样,作为新生事物,数字货币也需要有自己的分析框架。数字货币诞生于互联网,与股票、房地产、商品等传统投资品类相比,是如此地不同和难以理解。纵观人类文明史,既从来没有出现过与之类似的东西,也没有任何其他事物可以作为数字货币的参照物。本书第一次在业界提出了一个比较完备的数字货币投资分析框架。

比特币到底有没有价值?数字货币投资的特殊性在哪里?为什么说网络效应决定数字货币的成败?未来哪种数字货币最有可能胜出?如何根据大众情绪来判断买卖时点?时间又如何影响数字货币的创新扩散过程?所有这些都会在本章中给出答案。

本章首先讨论数字货币的价值基础,然后重点探讨数字货币独有的投资属性,介绍数字货币投资的特殊性。在此基础上,建立了一个网络效应、价格情绪周期模型和时间三因素的数字货币投资分析框架。

价值基础

数字货币是一种新兴的投资品种,与大家熟悉的其他投资品如股票、债券、基金、房产、艺术品等相比,数字货币在基本原理、供需格局和内在机制上都有本质的不同。在投资数字货币之前,应深刻理解数字货币的基本原理和价值基础。让我们先看看货币的发展史。

货币作为一种一般等价物,其本质在于社会认同。

人类最早的贸易是物物贸易,当时能够充当交易媒介的不外乎有石头、肉类、谷物、贝壳等。不论是部落还是村庄,必然是大家公认的、有价值的、最常见的物品被用来充当最初的交易媒介。可以想象,肉类和谷物都容易腐败变质且难以长期存储,必然会被类似石头、贝壳、金属等取代。中国商朝以贝作为货币,所以汉字里凡是与价值有关的字大都含"贝"。城邦和国家兴起之后,人口集中,交易范围扩大,交易品种增多,交易活动日趋频繁,交易媒介慢慢变成了金属,这也是全社会逐渐取得共识的过程。古希腊、中国、罗马、波斯的人们铸造重量和成色统一的货币，并在此基础上建立了货币体系。

经过千年的演化，全世界对于货币的共识逐渐统一到黄金和白银身上。因为金银满足这样一些特征：体积小，稀缺性高，价值大，容易分割，质量均匀，化学性质稳定，不会腐烂变质，便于携带，难以伪造等。因此，世界各地的人们，不论文化、种族、宗教、政体上有多大差异，都一致接受黄金和白银作为公认的硬通货，正所谓"金银天然是货币，货币天然不是金银"（语出马克思《资本论》）。从阿拉伯到印加帝国，从古罗马到我国商周朝，几乎所有文化的谚语和传说中都离不开关于金银的记载，黄金代表着财富、权力、幸运和永恒。从 18 世纪开始，金本位在全世界流行开来。

然而黄金总量有限，无法满足社会发展和信用扩张的需要，导致一系列社会问题和经济危机。第二次世界大战以后，以美国为首成立了布雷顿森林体系，以美元为中心，美元与黄金挂钩（有官方定价），而其他货币与美元挂钩，各国可向美国兑换黄金。至此，美元取得了和黄金一样的世界货币超级地位，成为全球通行的支付手段和储备货币。20 世纪 70 年代，美国政府难以实现其美元兑换黄金的承诺，导致三次美元危机。1973 年，尼克松总统最终决定放弃金本位，不再承诺美元兑换政府黄金，于是美元与黄金彻底脱钩，布雷顿森林体系解体。摆脱了黄金的束缚，美元摇身一变，成为一种信用货币：大家都相信美国的经济实力，相信美元具有的价值。

当然，美国以及其他各国依然储备有大量黄金，我国央行最近几年也加大了黄金储备力度，但黄金在货币体系中的占比非常小，仅仅是作为"最后的价值储藏和支付手段"，以防万一而已。

货币具有价值尺度、流通手段、支付手段、贮藏货币、世界货币五种职能。黄金本身的特殊属性决定了从其诞生的那一天起就具备了这五种职能，其在货币领域的正统地位没有哪种金属或纸币可以替代，堪称"货币之王"。

为了更好地理解数字货币的性质，我们不妨将数字货币与黄金作个对比。

从金银的货币特征来看，体积小，稀缺性高，价值大，容易分割，质量均匀，不会腐烂变质，这些特征数字货币全都满足，而且在每一项上数字货币甚至比黄金白银更胜一筹。

1. 体积小，稀缺性高，价值大。数字货币是虚拟化的货币，没有实体，没有体积一说，也不占据太多存储空间。黄金的稀缺性主要取决于是否有新的可采金矿，这是高度不确定的。而比特币的稀缺性是比特币软件自身限制的，任何人都无权改动，其总量固定为2 100万枚，100年不变，稀缺性要远远好于黄金。从价格上看，一枚比特币的价格当前稳定在一千多美元，是名副其实的体积小、价值大。

2. 容易分割。数字货币是完全数字化的，分割完全没有问题，理论上可以无限细分。当前数字货币一般可以分割到小数点后六位或后八位。例如，一枚比特币可以分割到小数点后8位，最小单位为亿分之一，称为1聪。以太币，可以分割到小数点后18位，最小单位为十亿亿分之一，称为1位。数字货币的可分割性要远远优于黄金和纸币。

3. 质量均匀。因为数字货币是数字化的，自然是质量均匀的，不存在缺斤短两之说。不像金银那样，存在纯度、成色和质量之说。

4. 不会腐烂变质。同理，数字货币是数字化的，存在于互联网上，软件和数据都有无数的副本，没有变质和腐烂的可能性。

5. 便于携带。数字货币存在于互联网上，没有实体，随身携带非常方便，只需要携带私钥即可。用一张纸或者几十Kb大小的钱包文件就能轻松带走。

6. 难以伪造。数字货币是基于去中心化的共识机制和区块链技术的，伪造的假币和花两次（双花）问题不会得到网络其他节点的认可。自然地，数字货币体系内不存在假币和伪造的可能性。相比较而言，黄金和纸币的伪造是各国都头疼的大问题。

数字货币不仅在多项属性上优于黄金，更是黄金和纸币进一步数字化和互联网化的必然趋势，是21世纪的新货币。实际上，流行了一百多年的纸币系统已经慢慢在开始数字化和互联网化了，如支付宝、信用卡等，其数字化和互联网化的程度已经非常高，只不过它们依然依附于法定纸币系统上，有天然的缺陷。以比特币为代表的数字货币则实现了彻底的数字化和互联网化，是纸币进一步虚拟化的必然产物。数字货币继承并发扬了法定纸币的所有优势，保证了安全性、透明性、不可篡改性和去中心化，将发行、交易、清算与簿记整合在一起，实现了低成本、高效率、高容错、零门槛、实时、无国界等法币无法企及的优势。

基于其数字化和虚拟化的本质，因此站在投资者的角度，数字货币的价值是难以衡量和计算的，在现实中也无法找到定价的参考标准。

一是数字货币不像法币，缺乏政府信用背书和强制使用的优势，其认可、使用和交易都依赖于用户的自主选择；二是数字货币不像股票，可以通过每股收益、净资产、未来现金流折现等方式估算其内在价值，为投资作参考；三是数字货币不像债券，有固定的期限、现金流和利率，可计算其内在价值和隐含收益率；四是数字货币不像房地产，可以跟周边区域成交价格进行对比，可以跟同一类型的房地产价格作比较；五是数字货币不像大宗商品，如小麦、大豆、铜、铝、铅、锌等有万千家庭和企业的实际需求，可以通过分析供需结构来评估其价格走势。

由此可见，数字货币找不到可靠的计算其内在价值的理论和方法，也不存在可以参考的其他资产。就连数字货币之间比价关系也是高度不确定的。因此，数字货币目前不存在所谓"科学合理"的估值，也没有估值方法，可以参考的就是其应用需求和投资需求。唯一可供参考的价格就是当前的成交价格。

纵观多种多样的数字货币，一类是无特定使用场景和行业应用的"纯货币"，如比特币、莱特币；另一类是在设计之初就有明确使用场景和行业应用的"应用货币"，如以太币、狗狗币（Dogecoin）、Zcash等。前者是"纯货币"，主要价值主张是金融支付和交易，因此其价值主要取决于有多少人认可、接受其价值主张并在经济活动中使用它，接受和使用的人越多，其价值就越大；后者是"应用货币"，未来发展路径是切入某一细分领域的行业应用，如果该领域认可的人越多，则该数字货币的价值就越大。

简言之，数字货币价值的三大基础是优良性质、支付网络和普遍认同。

首先，数字货币本身具备一系列优良特性，包括彻底的数字化、彻底的互联网化、高度可分割性、基于数学和密码学的安全性和简洁性、去中心化、高度的透明性和稀缺性、成本极低、无国界、零门槛、公平性、不可伪造性、不可篡改性、匿名性等。

其次，数字货币本身内置支付网络，而传统金融体系的发行和流通环节分开，两者有本质不同。目前来看，支持数字货币的支付网络越来越完善。

最后，由于数字货币的一系列优异性质，具备巨大的前景和无穷的可能性，其用户数量激增，越来越多的大众和投资者开始关注数字货币。短短几年中，数字货币获得了飞速发展，新模式、新概念层出不穷，业界对于未来以数字货币为主导的数字经济也越来越充满信心，对数字货币的普遍认同正在快速形成。

可以预见，未来随着数字货币技术的演进，数字货币会逐步走向主流人群，成为互联网经济的主导货币。

俗话说："埋头苦读一万小时，不如下水扑腾三分钟。"尽管我们尝试对数字货币作一个全方位的文字解读，读者依然难免陷入盲人摸象的境地。所以，你可以下载一个比特币软件，买一枚比特币，交易几次，自然可以对数字货币有更深的理解，从而对数字货币的未来更具信心。

投资属性

站在投资或投机的角度，与其他传统的投资品如股票、债券、基金、房产、商品等相比，数字货币至少具有以下八个独特的投资属性。

100% 的互联网属性

数字货币诞生于互联网，是活在互联网上的幽灵，具有 100% 的互联网基因。传统的投资品没有一个具备纯粹的互联网属性。房产、股票、债券、商品和基金等都有物理世界的实物或真实承诺作为价值基础。即使是所谓的互联网巨头，如谷歌、百度、腾讯、阿里巴巴等，也仅仅是"运营互联网业务"的传统公司而已，它们都有自己的物理实体存在。数字货币则完全不同，没有任何物理实体，只存在于互联网上。只要互联网存在一天，数字货币就能够生存一天。离开了互联网，它们就仅仅是代码而已。数字货币本身不拥有任何物理实体，是纯粹的比特世界，跟原子世界没有任何关联。因此，投资数字货币仅需要你可以接入互联网而已，没有其他任何门槛。

基于其完全的互联网属性和数字化特性，数字货币天然具备一个优美的属性——可细分性。纸币的最小单位是分，股票的最小单位是股，商品期货的最小单位是手，假如你某天突发奇想，打算给自己的账户购买 0.3 股股票，或者 1.759 份基金，你的客户经理一定会白你一眼。

公平性

公平性是指投资数字货币的门槛较低，每个人随时都可以参与数字货币的投资，也可以随时退出，进入和退出几乎零门槛。唯一的门槛是你要能够接入互联网。股票、债券、期货商品和基金等投资都需要繁琐的开户流程，提交个人身份证明及各种文档等，还需要各种审核和验证。而资金的进出更麻烦，需要托管、清算等流程，往往会拖延 1~3 个工作日，甚至更久。房地产的交易则更麻烦，需要交易双方到房地产交易中心进行身份验证、文档核实、过户和交割等繁琐的程序，还要缴纳较高比例的税费，前后耗时几个星期，加之与银行放贷等流程缠绕在一起，无形中增加了房产投资和交易的成本。而数字货币完全没有这个限制，7×24 小时，全球市场，随时进入，随时退出。相较于传统的证券和银行系统，其便捷性极具优势。

需要特别指出的是，数字货币的公平性并不是指对每个投资者都有公平的回报。投资者将真金白银扔进去，会不会亏钱、能够获得多少回报，取决于该数字货币的发展成功与否，取决于买入和卖出的时点等诸多因素。读者朋友千万不能因为有些早期的数字货币投资者赚了几百甚至上千倍，就认为自己也能轻轻松松地赚个盆满钵盈。天上从来不会掉馅饼，任何投资从来都是有风险的。数字货币作为新生事物，在人类文明史上其价值和兴衰演变没有任何参照系，因此其中蕴涵的风险更大。

想象一下，人类历史上第一次拥有了一个任何人都可以自由连接的金融系统，未来该是怎样地激动人心？

无国界与全球化

数字货币自诞生之日起就在互联网上自由穿行,无需得到主权国家的批准和认可,因此天然具有无国界和全球化的属性。无国界的优势在于,你在北京持有的比特币拿到新西兰去或巴西依然是比特币,不存在是否被当地认可的问题。相比而言,现行的法币都有国界和国家主权属性,即便是美元也无法实现全球范围内的自由使用。其他法币如人民币,同样具有强烈的国别属性和地域属性。离开了这片土地,你钱包里的纸币大家可能就不认了,除非能找到合适的银行兑换为当地法币。而数字货币的无国界属性造就了其天然的"全球化"属性。数字货币的无国界特征决定了其在流动上基本不受任何地域限制,这一优势是任何现行法币都无法超越的。

你可以在全球任何一个地方自由地买卖和使用比特币,除了接入互联网之外,不需要任何其他门槛和先决条件。这意味着,在数字货币的经济体内,不论你是投资者,还是商户、消费者、创业者,甚至非政府组织,只要你开始拥抱数字货币,你就自然地变成了全球化经济中的一员。

如果你是一家经营当地土特产或者手工艺品的商铺老板,借助淘宝和微信,你就可以轻易地面对全国的消费者。数字货币能让你做得更好。只需要给你的网站增加一个支付比特币的插件,一瞬间你的生意就实现了彻底的全球化:全世界的消费者都可以用比特币购买你的商品,你从此再也不必担心,客户到底会用澳大利亚元支付还是阿根廷比索支付。甚至,如果你是一个身在南非的创业者,你能融到资金的可能性非常有限。然而,在数字货币的世界里,全球化的融资从来都不是一个问题。数字货币项目的众筹从一开始就是全球化的。不论你在世界的哪个角落创业,都能够吸引到全球资本的关注。现代金融里有首次公开募股(Initial Public Offerings,IPO),数字货币圈也有自己独特的首次代币发行融资方式,即代币众筹(Initial Coin Offerings,ICO)。仅在 2016 年,圈内就有三家公司利用 ICO 成功获得了超过 500 万美元的融资,它们分别是 Lisk、Digix(DGD)和 First Blood。ICO 这一新的融资形式正悄然改变着众筹和股权融资。

一旦跨进数字货币的大门,你自然地变成了一个全球化的消费者和投资者,你的企业和组织也自然地转变为一个面对全世界的企业和组织。相比而言,股票、债券、基金、商品期货等都有明确的地域和国别行政属性。至于房地产,更是天生具有地理属性和"不动"产属性,各国政府都有自己的地产登记管理制度。

透明性和不可伪造性

绝大多数的数字货币都是开源项目,源代码全部公开。每个人都可以搭建并运行一套比特币的核心程序,同步所有历史数据。每个人不仅可以查看已经产生的任何一个区块,还可以查看历史上每笔交易的细节,同时也能看到当前时点发生的所有交易和资金流动。区块链上的交易数据所有人都可以读取,但只有获得全网共识的节点才能写入交易数据。

跟法定货币不同的是,数字货币的所有交易都记录在区块链上。从最初诞生开始,每一个数字货币的每一次转手交易都非常清楚地记录在区块链上行,历史路径一清二楚,不会存在任何"来路不明"或"非法伪造"的数字货币。

另外,开发团队对于核心程序的任何提议和改进都是公开的,新版本发布也需要网络的大多数节点民主投票方能通过,不然就会出现分叉。数字货币的发行机制、新币发行规则、手续费规则等都完全透明,任何对数字货币感兴趣的人都可以在网上自行搜索和学习。

在投资数字货币之前,投资者完全可以对感兴趣的数字货币品种做一番功课，详细了解其基本原理和发行机制。

在透明性这一点上，传统的投资品是做不到的。以股票为例，一家上市公司会发行多少股票、何时增发、增发多少投资者事先完全不知情。如果上市公司选择增发股票，投资者的持股比例就会被摊薄，利益受损，投资者却只能眼睁睁地看着利益受损而无可奈何。同样，债券、商品、房产也存在发行量未知、店大欺客、暗箱操作、信息不对称等不利于投资者的情况。

在不可伪造性这一点上，数字货币可谓其他货币形式和投资品比不了的。你我都不止一次地收到过假币，不止一次地买到过假货，但是在数字货币的世界里，基于区块链和分布式共识的算法机制，从根源上杜绝了假币存在的可能性。某一节点也许可以制造假币，或者偷偷地"双花"。假币在其诞生的那一刻起就会很容易地被其他节点识别并拒绝，从而无法流通而失去价值。因此，你在"小黑屋"里捣鼓出来的假币因为缺乏合法的铸造记录和流通历史，没有人会接受。

发行机制事前确定且不可更改

不同数字货币的具体发行机制虽然千差万别，但基本都有确定的发行量和增发机制（如减半、固定通胀率、递减通胀率等）。每个币种的发行机制都是公开的，内置于核心软件之中，因其去中心化属性，任何人都无法私自更改其发行量和发行机制。

反观法定货币，其由中央银行控制发行量，发行计划完全不透明，经常随意超发导致通货膨胀、加剧贫富分化。数字货币的总量和发行速度都是投资者可以事先确定的，没有任何人有权限随意更改。这一点保证了数字货币的稀缺性是永久的，从而强有力地保证了其长期的投资价值。主流的数字货币如比特币、以太币、莱特币、瑞波币、狗狗币等都具备这些特点。

表 4-1 展示了典型数字货币的发行机制。比特币的发行总量是 2 100 万枚，区块奖励（即新币发行）每四年减半一次。莱特币的发行机制模仿比特币，发行总量是比特币的四倍，即 8 400 万枚，区块奖励也是四年减半一次。瑞波币、狗狗币等也有确定的发行方式。递减发行的机制保证了数字货币具有公开确定的稀缺性。如果能够广为人接受，与法币相比，数字货币更能够保持自己的购买力。

表 4-1　　　　　　　　典型数字货币的发行机制

数字货币种类	发行机制	备注
比特币	代码 BTC，总量为 2 100 万枚，10 分钟一个区块，目前已发行总量的 75%，即 1580 万枚	第二次减半时间为 2016 年 7 月 9 日；第三次减半时间为 2020 年 6 月 2 日
以太坊	代码 ETH，主要诉求是图灵完备的智能合约平台，众筹模式产生，总量没有上限。30 秒一个区块，通胀率缩减发行机制。第一年的通胀率是 22.4%；第二年通胀率降到 18.1%；第十年时，通胀率降到 7.0%；第三十八年的通胀率是 1.9%；第六十四年通胀率降到了 1.0%。目前流通量 8 300 多万枚	计划 2017 年转到 POS 模式，增发量会大大减少
莱特币	代码 LTC，发行总量为 8 400 万枚，是比特币的四倍。与其他机制类似，2.5 分钟一个区块，每四年减半，scrypt 算法	第一次减半时间为 2015 年 8 月 26 日；第二次减半时间为 2019 年 8 月 23 日
瑞波币	代码 XRP，主要诉求是基于网关的任意货币跨境转账。发行总量为 1000 亿枚，目前流通 350 亿枚。创始人预留有 200 亿枚	
Zcash	代码 ZEC，代码由比特币协议分支而来，总量类似比特币，为 2 100 万枚，2.5 分钟一个区块，前 20 000 个区块奖励线性递增，之后产量每四年减半，前四年区块奖励的 20% 归零币公司（总量 10%），之后奖励全归矿工。利用零知识证明技术，交易记录不公开，实现了彻底的匿名，首次尝试公平挖矿	2016 年 10 月 28 日正式上线，初期受到市场广泛关注

04 数字货币投资分析框架

在这一点上,传统投资品都无法与数字货币相媲美。各国央行印刷纸币的随意性,波士顿美联储银行在《简而言之》一书中说得最为直白:

> 当我们在填写一张支票时,我们的账户里必须有足够的资金来支付支票上的金额,但是当美联储填写一张支票时,并没有任何银行存款来支付支票上的金额。每当美联储填写支票时,它都是在创造货币。

其他投资品中,股票和债券都由发行人控制,也可以随意增发、配股、缩股等,普通投资者完全无法掌握,只能被迫接受。商品和贵金属等又由资源储量和开采产量决定,随时有可能发现大的矿山和新的探明储量。至于农产品,其产量与播种面积、天气等因素有关,更是难以预测。唯有黄金这一特别的贵金属,其产出属性与数字货币有相似之处。

当然,并不是所有的数字货币都能最终取得成功,也并不是发行量越少、递减越快的数字货币就越具有投资价值。

去中心化

去中心化是指不存在一个中心化实体来控制数字货币的发行和运营维护。数字货币自身是有成千上万(不同币种有差异)台分布在世界各地的电脑(节点)来运行、维护和发行新币的。换句话说,如果你选择使用数字货币,无需考虑任何国家、任何政府、任何银行的实力和名声,它们跟数字货币没有丝毫关系,也难以影响数字货币的存在和发行。

假如有某种外力(政府、黑客或人为灾难)试图摧毁数字货币系统,难度也非常高。要想同时摧毁分布在世界各地的成千上万台电脑和数据中心,几乎不可能。而且,只要世界上还有安装数字货币的软件和存储所有交易数据副本的电脑,那么数字货币就能存活下去。从这个意义上讲，节点越多的数字货币，生命力越旺盛，越长久，越不可摧毁。基于区块链的数字货币是人类文明史上第一次人类自己创造出的永远无法停息、永远运转的去中心化的信任机器。另外，数字货币的基本原理和技术思想，自从中本聪开启了这扇大门之后，数字货币的创新只会越来越多，而不可能被消灭。

再来看传统投资品，股票对应着上市公司和交易所，债券对应着发债主体（政府或公司）和债券交易平台（国内主要是银行间市场和交易所市场），法币和外汇对应着各国央行的货币政策和外汇管制政策，这些都有着明确的中心化实体负责发行、交易、流通和维护。

当然，去中心化并不是没有成本的。去中心化使得核心软件的更新和升级比较困难，因为要得到社区大多数节点的同意，需要耗费大量的时间来沟通和争论。数字货币的规模越大，生态体系越完善，意味着获得大多数人的同意越困难。而且，改动和升级也有可能让社区面临分裂（分叉）。

高波动性

数字货币的价格波动性较高，远远超过股票、基金、商品和房产。比特币近几年的暴涨暴跌，想必大多数读者都略有耳闻。比特币的价格曾有一年涨幅好几倍，然后一年的时间又从最高点跌了80%以上。图4-1是Coindesk网站给出的比特币历史价格走势图。可以看到，从2013年下半年开始，比特币曾从7月初的80美元飙升至近1 000美元的历史新高，短短5个月时间实现了10倍涨幅。然而好景不长，2013年11月25日历史新高之后又迅速崩盘，从最高点的979美元一直跌到2015年1月的最低点220美元附近，跌幅达78%。国内交易所里，以人民币计价的比特币更是从8 000多元一直跌破1 000元，跌幅高达87%。

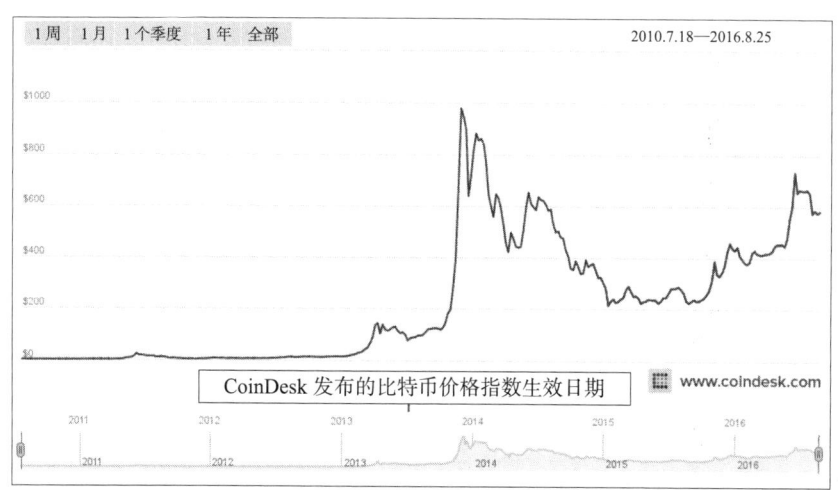

图 4-1 CoinDesk 发布的比特币六年间（2010.7—2016.8）的美元价格走势

数据来源：CoinDesk

其他数字货币的价格波动也都相似，往往一天之内可以涨幅巨大，也可以跌幅惊人。要投资数字货币，最好有一颗强大的心脏。

高知识壁垒

数字货币本身是多学科融合的产物，典型的技术密集加知识密集。数字货币行业，到处都充满了天才、极客和非主流的怪才。数字货币的技术原理比较复杂，它包含了金融学、密码学与加密算法、分布式网络、共识算法、数字签名、区块链、智能合约等多个领域，这意味着学习和理解数字货币需要投入大量的时间和精力。

早期加入数字货币行业的那一批人（包括本书作者在内）无一不是在一年甚至持续数年的黑暗和苦闷中独自摸索，疯狂阅读，点滴积累，最后终于有了一点浅薄的认识。不论是国内还是国外，无数人都因为数字货币优美的设计理念和蕴藏其中的无限可能性而感到激动和振奋，最终投身到这个行业中来。实际上，我们编写本书的目的之一就是将笔者的所有经验教训分享给读者，让读者不至于再像我们当初那样走太多弯路。

数字货币在交易上除了上述特点以外，与股票相比还有一些特别吸引投资者的地方。

• 交易种类较少。目前国内股市共有3 000多只股票、3 000多只基金，要选出一个优质的投资标的，足以让像我这样的选择恐惧症患者崩溃。在数字货币领域，大多数人会集中于前五或者前十的品种，而且目前比特币市值最大，参与人数最多，便于投资者跟踪和研究。

• 全天候交易。数字货币都是7×24小时交易，给投资者更自由的选择，不像股票每天只有4个小时，节假日还不能随时做短线。

• 零门槛。无需开户，不填表格，无身份验证，无最低投资额。

• 实时交割。国内股票都是T+1方式，即今天买入，明天才能卖出，当天无法反向交易。基金一般是T+2甚至T+3。数字货币完全T+0制度，实时交易，资产实时交割，一天之内可以无数次买入卖出，灵活性极高。

• 低手续费。目前，国内主流数字货币交易所的现货交易只收取0.2%的交易服务费，双向收取。

• 无涨跌幅限制。数字货币的价格是全球联动的，所以没有涨跌幅限制，这点对于中小交易者来说具有优势。股票市场有涨跌幅限制，所以市场上存在一些专门针对涨跌停板制度的交易策略，如资金大鳄封板影响市场、追涨停板、抄底跌停板等，数字货币领域不会出现类似情况。

• 透明性。每位股民都希望自己能够获得内幕信息，同时大家又都痛恨别人利用内幕信息赚钱。数字货币本身是完全透明的，不存在内幕信息的问题，所有的信息都会反映在价格波动上。

• 做多、做空。国内股票市场只能做多，只能通过股价上涨来盈利，做空工具股指期货门槛较高，交易和策略都有限制。而数字货币是双向市场，做多做空均可以盈利。

理解了数字货币的价值基础和投资特性，并不代表能够轻易选择出最具潜力的币种。目前世界上现存有 600 多种数字货币，新的数字货币和区块链项目还在持续不断地诞生。面对这么多选择，我们到底该投资哪种数字货币呢？换句话说，哪种数字货币才最有前景呢？

要判断一个数字货币项目是否具有广阔的投资前景，最重要的就是要判断它是否具备网络效应。

网络效应

"网络效应"是创业和投资领域最热门、最重要的词汇之一。很多互联网公司由于具备网络效应能够赶走竞争者、垄断市场，给投资者带来惊人的回报。人们开始追捧网络效应，创业者们也急于宣称自己的公司具有网络效应。

不幸的是，尽管很多人听说过网络效应，却没有几个人真正理解，更无法判断一个业务是否具有网络效应。更有甚者，将本不具备网络效应的生意误解为网络效应，做出了错误决策，蒙受巨大损失。

网络效应也称作网络外部性，是网络的一种属性，即使用该网络的人越多，系统的内在价值就越大。学术界给它取了个高大上的名字——需求侧规模经济，指产品或服务的用户对其他用户的价值的影响。如果产品或服务存在网络效应，则该产品或服务的价值将主要取决于有多少用户使用它。

网络效应最简单的例子就是电话机和手机。接入电话网络的每一部电话机/手机都可以通过这个网络连接到其他任何一部电话机/手机。因此，越多人使用电话，人们就能通过电话与更多的人进行通信,电话对每个使用者的价值也更大,因此更多人愿意使用电话。

传真机也有类似的网络效应,接入电话网络的传真机越多,人们就能通过某一台传真机将文档传送到更多的人手中。

当网络效应存在时,如果没有人用这种产品,那它就没有价值,也没有人愿意使用它。如果已经积累了足够多的使用者,那么这个产品对其他人而言就会有价值,从而吸引更多的人使用,进一步推升产品的价值。究其本质,网络效应其实是一种正反馈。每个使用者都会从网络效应中获益,因此对于具有网络效应的产品或服务而言,其网络的价值可以通过加入到这个网络的用户数量来衡量。

在线社交网络也是网络效应的例子,如 QQ、微博、微信、陌陌、Facebook、Twitter、Ted.com、Instagram、LinkedIn 等。电商平台里的阿里巴巴、京东、亚马逊,以及最近几年极其火爆的独角兽公司,如 Uber、Airbnb 等,都要归功于神奇的网络效应。表 4-2 展示了网络效应是如何在全世界大行其道的。

表 4-2　　　　　　　　　　网络效应如何统治世界

类别	公司/技术/项目	网络效应说明
沟通	语言文字	作为人际信息沟通的工具,一种语言使用的人越多,初学者和儿童就越有动力去学习该语言(能与更多人交流)
支付与金融	货币/黄金、美元	作为交易的媒介和一般等价物,货币也天生具有网络效应
	比特币	作为支付网络,商户与用户之间具有双边网络效应,具体见后
	信用卡	作为信用支付网络,商户和用户之间具有双边网络效应
	支付宝	作为支付网络,商户和用户、用户和用户之间都存在网络效应
	西联汇款	作为汇款网络,网点与用户之间具有双边网络效应

（续表）

类别	公司/技术/项目	网络效应说明
通信	电话/手机/电脑	电话网，移动互联网，电脑网络
输入	QWERTY键盘	使用该种制式键盘的人越多，越容易成为一种行业标准
系统软件	Windows 操作系统	操作系统占有率越大，越多开发者基于该系统开发软件，应用软件越多，该操作系统越强大，用户更愿意使用
	Android/iOS 系统	同上
文档标准	文档格式 PDF、DOC 等	文档用户越多，越容易成为一种通用的文档格式被所有人默认接受
基础应用软件	软件如 Office、Adobe、CAD、PhotoShop 等	文档编辑和行业应用的通用软件，用户越多，文档格式传播越广，使用习惯越固定，越多新用户学习和使用
游戏	手持游戏机 PS、Xbox、Wii	类似操作系统，机器卖得越多，越多开发者围绕该机器开发游戏，吸引更多用户购买机器
搜索	谷歌、百度	搜索引擎，用户点击自动优化搜索算法
即时通信与社交	Facebook	熟人社交网络
	QQ	即时通信，熟人社交网络
	微信	熟人社交网络
	Twitter、微博	短信息社交分享网络
	陌陌	陌生人社交
	无秘	熟人匿名社交
电商信息平台	阿里巴巴	电商平台，买家与卖家之间的双边网络效应
电商购物	亚马逊、京东	电商平台，自营、买家与卖家之间的三方网络效应

（续表）

类别	公司/技术/项目	网络效应说明
电商购物	淘宝、天猫	电商平台，买家与卖家之间的双边网络效应
交易平台	交易所	期货交易所、股票交易所，交易者之间的单边网络效应
垂直电商–餐饮外卖	饿了么、百度外卖	餐饮店与用户之间的双边网络效应
垂直电商–旧书古籍	孔夫子网	旧书及古籍书画交易平台，入网书店与淘书者之间的网络效应
垂直电商–旅行服务	携程	商户（航空公司与酒店）与用户之间的双边网络效应
垂直社交–股票	雪球	投资者之间的单边网络效应
垂直社交–求职	LinkedIn	求职者与公司之间的双边网络效应
垂直社交–演讲	Ted.com	演讲者与观众之间的双边网络效应
垂直社交–教育	在线教育	课程导师与在线学生之间的双边网络效应
垂直社交–娱乐	直播	娱乐主播与观众之间的双边网络效应
垂直社交–婚恋	百合网、世纪佳缘	在线约会用户之间的单边网络效应

(续表)

类别	公司/技术/项目	网络效应说明
垂直社交-图片	Pinterest、Instagram、Snapchat	图片社交网站
垂直社交-个人新闻	Reddit	个人新闻分享社交
垂直信息分享-餐饮	大众点评网	用户点评与实体餐饮、娱乐商户之间的双边网络效应
移动出行	滴滴、Uber	用户越多,加入的私家车越多;私家车越多,用户出行越方便
文档分享	Slideshare	在线幻灯片分享社区
开放软件平台	GitHub	开源软件开发和管理社区
住宿分享	Airbnb	居室分享者与旅行者之间的双边网络效应
数据网络效应	人工智能	AlphaGo、语音识别与交互等

网络效应常常跟梅特卡夫定律相关联,梅特卡夫定律与摩尔定律类似,被称为是互联网技术的发展规律。

梅特卡夫定律是指网络的价值随着用户数量的平方数增加而增加。

不论是网络效应还是梅特卡夫定律,本质上都是说,用户在消费上存在效用递增,需求创造了新的需求,从而产生正反馈和网络的爆炸效应。

进一步，除了节点数决定网络价值以外，节点之间连接的强度也很重要。

比如在社交网络中，并不是所有节点之间的所有连接都具有相同的强度，必然有强有弱，还有部分节点始终没有连接。即使几亿人都使用微信，全世界都使用Facebook，我们在社交网络上频繁联系的也往往不超过几百人。强黏性的熟人社交如微信，最终成功地打造成了移动时代最庞大、使用最频繁的社交工具。其他弱黏性的社交网络如陌陌等，都没有发展壮大。

所以，更准确的表述应该是：一个网络的价值不是与参与者数量的平方成正比，而是介于线性和平方之间，具体取决于该网络节点之间连接的强度。强度越大，连接越广泛，则非线性越强。只有那些强连接的网络效应才能让业务引爆，最终实现赢家通吃。

网络效应的分类

根据内在结构的不同，网络效应可分为双边网络效应、单边网络效应、间接网络效应和局域网络效应四类。

第一类是双边网络效应。在这类网络里一般存在两种类型的参与者，两者互相依赖、互相强化。双边网络效应多见于汇聚供方和需方的平台型企业，典型的如操作系统、电商平台、在线旅游、信用卡公司、第三方支付、出行共享（如滴滴、Uber）等。在操作系统中，围绕该操作系统的应用软件开发者是重要的供方，广大用户是需方。越来越多的软件开发者发布基于Windows的应用软件，这些应用软件会吸引更多的用户使用Windows系统，从而进一步强化开发者支持Windows的动机。在电商平台中，是买家和作为卖家的商户互相强化、形成强大网络效应的。信用卡和第三方支付是在商户和用户之间形成双边网络效应的。携程这类在线旅游平台，汇聚的是酒店、航空公司等服务提供者和广大的旅行者群体。而像 Uber 这样的出行共享平台，汇聚的则是愿意分享的私家车司机和出行的用户。

第二类是单边网络效应。单边网络效应也称直接网络效应，是指网络中每一个参与者的地位都是等同的，如电话、传真机、即时通信及社交媒体（如耳熟能详的 QQ、微信、微博、Facebook、Twitter、陌陌、无秘、雪球）等。

第三类是间接网络效应。间接网络效应是指一个产品网络 A 的用户增加，会导致另一互补品 B 的价值的增加，而这又会增加网络 A 的价值。间接网络的例子包括软件 Office 套装与操作系统、DVD 播放机与 DVD 光盘、智能手机与手机 App 应用等。

第四类是局域网络效应。局域网络效应是指新用户常常因为身边人的使用而加入网络，而并非总用户群的增加。即时通信最明显的有 QQ、MSN、微信等。

引爆网络效应的起飞点——临界质量点

在达到一定的用户规模之前，任何一个网络都非常脆弱，很容易夭折。要使网络效应真正发挥其巨大的威力，必须想方设法地让网络的规模加速成长，尽早达到能够引爆网络效应的关键点——临界质量。

临界质量这一概念最早出现在核物理学中，是指为了维持链式反应的持续进行所需要的裂变材料的最小质量。如果裂变材料太少，将不能维持链式反应，因为绝大多数中子都逃逸掉了，无法产生持续的中子增殖。人们将刚好可以激发连锁反应的状态点称为临界质量点或临界点。后来这一概念逐渐被推广应用到其他领域。

在经济领域，临界质量可以定义为"企业能够在市场上有效竞争所需要达到的最小规模"，也可以理解为"能够产生网络效应从而显现垄断优势的最小用户数量"。

在临界质量点附近,用户从该产品或服务得到的价值要大于或等于购买该产品或服务的价格。由于产品价值取决于用户数,这意味着,如果已经有足够数量的人使用该产品,则会有大量新用户因为其网络效应新增的价值而加入进来,从而进一步增强网络效应,产生更大的价值,吸引更多的新用户。最终,这个正循环不断强化,使产品最终垄断了市场。

对于双边或多边市场的网络效应,尽快到达临界质量,可以解决"先有鸡还是先有蛋"这一世界性的难题。也就是说,首要问题是你如何吸引足够多的一方参与者,从而吸引另一方的加入。在索尼公司经营自己的重磅产品——游戏平台 PlayStation 的过程中,就深谙尽早达到临界质量点的重要性。索尼选择以尽可能的低价出售 PS 游戏机,继而建立一个庞大的玩家基础群体,这样就对众多的游戏开发者构成了足够的吸引力,推动他们在 PS 平台上开发更多好玩的游戏。这就形成了一个正反馈效应:越多开发者,PS 上就会有越多的游戏;PS 上游戏越多,使用该游戏机的玩家自然就越多,又会吸引更多的开发者加入。鸡生蛋,蛋生鸡,相辅相成,形成滚雪球效应,最终实现了多赢。

临界质量点对于创业者和投资者而言都饱含启示。创业者需要记住的是,战略重点是尽快达到临界质量点,这是走向成功的唯一路径。对于投资者而言,理解临界质量点意味着:将资金押注于那些刚刚越过临界质量点的技术和商业模式。价值即将起飞,这是投资的最佳窗口期。

网络效应能够带来垄断

能够形成竞争优势的因素有很多,比如品牌、政府牌照、规模经济和知识产权(专利)等,这些都能在一定程度上阻挡竞争对手。全世界的企业家和CEO们时时刻刻都在思考一个问题：自己的业务如何才能建立强大的竞争优势？只有具有竞争优势的企业，才能将模仿者和竞争者阻挡在市场之外，从而长期占据市场。

网络效应一旦形成，所带来的竞争壁垒要远比上述的竞争壁垒强大，能够有效地阻挡竞争对手的进攻，行成巨大的垄断优势。

特斯拉和SpaceX的传奇创始人兼首席执行官埃隆·马斯克（Elon Musk）曾这样评价Facebook："Facebook的网络效应是根深蒂固的，网络一旦形成，你就很难攻破它"。

股神巴菲特唯一的合作伙伴查理·芒格也这样评价谷歌："我可能从来没见过这么宽的护城河，我不知道你如何才能取代谷歌"。

2014年阿里巴巴在美国筹划IPO上市时，马云及高管团队显然是意识到了网络效应对阿里巴巴的重要性，招股书中这样写道：

> 维持一个健康且充满活力的生态系统对我们的成功至关重要，这会在买家、卖家和其他参与者中产生强大的网络效应。如果我们不能保持并增加生态系统的网络效应，我们的业务和前景就会受到负面影响。
>
> 在多大程度上我们能够维持和强化我们作为一个安全可信的线上和移动电商平台，维持和强化这些网络效应，依赖于我们的下述能力……

这也是为什么像Union Square Ventures这样的风险投资公司热衷于投资具有网络效应的初创企业的原因。毕竟，没有哪种竞争优势能够比网络效应更强大。

一旦通过网络效应建立了垄断，获得的回报往往是非线性的，尤其是在软件和互联网领域。这种随着网络节点数增加而迅速放大的指数化机制，跟钢筋水泥中的规模效应完全不同。规模效应是线性的，而网络效应则是指数化的、非线性的。

从用户角度看，网络效应会产生所谓的"锁定"效应，即用户会被产生网络效应的产品或服务锁定，以至于不愿意更换其他的类似产品或服务。当你周围的亲朋好友、同事同行都在使用 Windows、Word 和 PPT、QWERTY 键盘、QQ、微信、支付宝的时候，你坚决不用或使用其他"非主流"产品的代价将非常高，这就是锁定效应。即使有更优秀的产品问世，该产品也会因锁定效应而无法成为主流。

如果一个业务具有网络效应，那么即使面对激烈的竞争、动荡的宏观经济或者技术变迁，网络依然会很强健。即使它终将被颠覆，其过程也会非常漫长。

数字货币的网络效应

典型的货币如黄金和美元，也具有典型的网络效应。几千年来，黄金因为自身优异的物理和化学属性，成为了全世界多种文化中通行的价值和财富的象征。所有人都相信黄金，以至于在传说、经典、谚语中到处可见黄金的身影。相信黄金具有价值的人越多，会吸引更多的人挖掘、交易、储藏、使用甚至偷盗黄金，更有甚者挖空心思地幻想利用"炼金术"来制造黄金。

我们从近 200 年来英镑的由盛转衰和美元的崛起这一演变过程中，更能看清楚货币的网络效应。长期以来，国际货币体系都是由一种或少数货币主导的。第二次世界大战以后，国际货币体系经历了从量变到质变的长期演化，见证了从英镑主导转移到美元主导的临界变化。直到今天，美元依然是国际金融和贸易体系中最主要、接受度最广泛的交换媒介、计价单位和价值储藏。美元在国际货币体系中占据着绝对主导地位，超过了美国经济总量在全球的权重。经济学家们一致认为，美元的主导地位与国际货币使用中存在着强烈的网络效应密切相关。

理解货币的网络效应，能帮助我们更好地理解数字货币。

网络效应是决定数字货币兴衰成败的关键，没有之一。理解了网络效应，就能理解数字货币演化发展的内在逻辑，进而挑选出最具投资价值的数字货币。

以比特币为例，比特币的本质就是一种去中心化的支付网络，使用的人越多，其网络价值越大。网络效应是比特币的内在属性之一。实际上，比特币的整个价值都应归因于其庞大的网络效应。自2009年诞生至今，比特币已经8岁了。从最开始两年的几乎零价值到如今160亿美元的市值，让所有当初质疑和批评比特币的声音都不知去向。

人们愿意购买、交易和持有比特币，最重要的原因是有一个庞大人群愿意购买、交易和持有比特币。商户也是如此，对商户而言，越多人使用比特币，商户就会有更大的意愿去接受比特币支付，这反过来又会让消费者使用更多的比特币购买商品。另外，数字货币交易所也是比特币网络的重要组成部分。只有越来越多的数字货币交易所接受比特币等数字货币的兑换和交易，才能覆盖和影响更多人群，从而进一步增强数字货币的网络效应。

与电商平台和社交网络相比，比特币对网络效应的依赖性更强。如果比特币网络只有几个用户（几名矿工、几位交易者），那么这个网络是完全没有价值的。只有越来越多的人了解比特币，愿意接受比特币作为一种新的货币形式，去投资、去交易、去使用、去挖矿、去接受比特币支付，比特币网络才会越来越有价值。

由此看来，数字货币作为未来货币的一种新的可能性，具有与法定货币类似的网络效应。所不同的是，数字货币天生具有互联网属性，其网络效应更复杂。

为了更深刻、更准确地刻画数字货币的网络效应机制，下面笔者独创性地将其网络效应进行了细分（详见表4-3）。这16个细分的网络效应既相对独立，又互相关联。它们中的一部分来源于货币本身的网络效应，另一部分来源于数字货币自身的特性，能够对数字货币网络效应给予比较全面和准确的刻画。

表4-3　　　　　　　　数字货币的网络效应细分

网络效应细分	简要说明
1. 安全效应	基于区块链技术的安全性
2. 支付系统的网络效应	双边，平台属性，货币属性
3. 开发者的网络效应	双边，平台属性
4. 矿工的网络效应	双边，平台属性
5. 新闻媒体的网络效应	货币属性
6. 被第三方支付整合的网络效应	支付平台
7. 规模稳定效应	规模的网络效应之一
8. 记账单位网络效应	规模的网络效应之一
9. 市场深度效应	规模的网络效应之一
10. 价差效应	规模的网络效应之一
11. 个人的单一货币偏好效应	货币属性
12. 人际间的单一货币偏好效应	货币属性
13. 营销与认知的网络效应	—
14. 价格的网络效应	货币属性
15. 生态多样性的网络效应	货币属性
16. 政府监管的网络效应	—

安全效应

要说服人们使用一种新的货币和支付形式,第一关就是人们要信任它且它必须足够安全。这个货币必须从理论上和实践上都可被证明是安全的,必须经过长时间的验证。因此,被实践证明安全度越高的数字货币,越可能被大众所接受,使得系统更加稳固。货币系统越安全、越难以篡改、安全运行时间越久,人们对它的信任就越大,越有信心使用和持有。从这个角度看,成立较早、技术上安全等级越高、区块链运行时间较长的数字货币更安全。

提及网络安全,就不得不提令人闻风丧胆的黑客。在多数人眼里,黑客几乎就等于从事网络攻击的不法分子。与多数人对黑客的恐惧和厌恶不同,实际上,长远来看,黑客们攻击有技术漏洞的系统,客观上推动、企业、政府和开发者设法修补漏洞,提升安全性。数字货币诞生以来,针对黑客攻击导致的安全问题已经迫在眉睫了。

因为,以前黑客黑进网站或软件多数是盗取一些机密信息、用户账户密码或文件之类。自从数字货币诞生并可兑换法币以来,黑客们就有了新的目标。因为数字货币一旦被黑到手就可以换成真金白银,加之其具有较高的匿名性,不容易追踪到黑客的身份。数字货币在黑客眼中简直就是完美的猎物。

相对于小币种而言,黑客更愿意攻击那些规模较大的数字货币。因为同样的付出,规模更大的数字货币更值钱,犯罪回报更高。近几年,数字货币行业发生了多起黑客攻击和企业资金被盗事件,未来黑客们也不会停手,只会更加猖獗。每一次攻击事件登上新闻头条都会激励全行业提升安全技术水平。在数字货币的草原上,虎视眈眈的黑客们充当了行业最严酷的捕食者。正所谓树大招风,从最近几年数字货币行业的被盗案件来看,币值上升、规模扩大的品种往往会受到黑客的青睐。比特币交易所、比特币钱包、以太坊的 DAO 被盗事件都说明了这一点。黑客对数字货币的攻击，实际上形成了安全性的"适者生存"法则：安全性最高的数字货币项目、创业公司逐渐生存下来，那些疏于防范、技术力量薄弱的项目和公司被无情淘汰，比如写入史册的 Mt.Gox 倒闭事件和 DAO 被盗事件。

所以，相对于那些小币种山寨币，大币种的生态系统更经得起考验。经黑客屡次攻击后的幸存者，未来存活概率更大。

支付系统的网络效应

支付系统的网络效应是数字货币的双边网络效应之一。对于商户而言，数字货币具有开户简单、结算便捷、手续费低、无需额外硬件投入、无任何支付或银行中介、防欺诈（一旦转账不可撤回）、全球化、长期升值前景、零用户信息泄露等诸多优势。另外，支持数字货币支付的商家还会给人一种时尚的感觉，自带广告营销效果。接受某一数字货币作为支付方式的商户越多，对消费者而言该数字货币就会越具有吸引力；同样，使用某一种数字货币的消费者越多，商户也更有动力接受该数字货币作为支付手段。

开发者网络效应

面对成百上千种数字货币，用户当然愿意选择那些已经具有大量应用软件和工具的品种，而不是连钱包、交易所等基础应用都缺乏的小币种。越多的开发者围绕某一数字货币编写应用软件和工具，比如区块浏览、网络数据统计、钱包开发、交易所、支付网络等，会使得该数字货币平台功能越强大、使用越便捷；同样地，开发者也更有动机选择那些受众更广的数字货币，期望自己的软件未来能拥有更多的用户。在 PC 操作系统（Windows、Unix）、智能手机操作系统（安卓、iOS）中，我们已经看到了开发者网络效应的巨大潜力。

矿工的网络效应（仅适用于采用工作量证明机制即PoW的数字货币）

用户越多，网络中的交易越多，意味着矿工能够收到的交易费就越多，这会激励更多矿工加入网络。网络中的矿工越多，全网算力越大，网络就越安全、越坚不可摧、越不可篡改，这无形中增加了用户对于网络的长期信心。

市值规模较大的数字货币往往集聚了大量算力，这些算力有可能会转向一些小的币种，这会对小币种的网络和算力结构造成很大冲击，甚至影响其安全性。这样的情况也使得小币种在算力竞争中处于劣势，加剧了它们被边缘化的可能性。

矿工的网络效应仅适用于基于PoW共识机制的数字货币，PoS机制没有挖矿机制和算力投入。

新闻媒体的网络效应

现在，数字货币圈已经有了自己的新闻媒体网站和论坛，网站和论坛上聚集了不少的行业专家和创业者。其中一些专家、学者成为网站或论坛的专栏作家和评论家，在网站或论坛上发表的业内重磅新闻也常常被主流媒体引用和报道。可以说，数字货币圈已经拥有了自己的发声渠道和话语权。

由此，媒体与用户之间就会产生双边网络效应。像比特币这样的数字货币，有任何相关新闻都会占据圈内媒体的头条，甚至被主流媒体报道。众多的观察家也会积极分享自己的见解。这些新闻、评论和分析无形中丰富了比特币的生态系统，有利于将比特币的影响扩散到每一个角落。

被第三方支付平台整合的网络效应

目前来看，数字货币要走向主流，将来必然面临的一步就是可能被主流的第三方支付平台纳入其支付体系。如果得以实现，第三方支付平台的首选必定是一个领先的、被更多人群接纳的数字货币。新增支持一个数字货币，意义是双重的：不仅增加支付平台自身对于交易双方的吸引力，也会为该数字货币带来更多的用户和应用场景。越多第三方支付平台支持某一种数字货币，该数字货币就会面对更多用户、更多场景，更易于被接纳和使用。

规模稳定效应

市值越大的货币系统越倾向于稳定，因为规模更大的货币体系需要应对更大规模的买入或卖出冲击。而且，规模越大、分布越分散的数字货币被个人或团体操纵价格的可能性越低，因而其价格可以更准确地反映出绝大多数市场参与者进行交易的真实状况。

换句话说，当前已经处于领先位置的数字货币，其在未来的竞争中能够存活更久，更有可能继续领跑。当然，这里所指的规模，是指较长时间内的平均值，而非某一时点的市值规模。投资者应警惕的是，部分数字货币在交易所上线后哄抬到很高的市值，但最终都会跌落回来，落入"哄抬价格、砸盘走人"的套路。

记账单位网络效应

所谓记账单位，就是指人们在给商品和财产标价时用什么单位，是铜钱、大米还是人民币。通俗地讲，记账单位就是价格标签和财务账本上跟在数字后面的那个东西，是定义货币的三大属性之一（其他两大属性分别是价值储藏和交易媒介）。那些最优秀、市值最大且最稳定的货币系统，最有可能成为人们用来定价的记账单位。

到目前为止，数字货币与法币之间的自由兑换都还没有获得各国政府的立法支持。但是，不同数字货币之间已经可以畅通无阻地自由兑换。也就是说，在数字货币社区内，我们已经可以明确地观察到这种记账单位的网络效应。

几乎所有的山寨币交易所都支持将其上线的数字货币以比特币作为计价单位，支持直接用比特币来兑换其他的数字货币，从而形成了数字货币之间以比特币为记账单位的兑换关系。另外，大多数的数字货币众筹项目也乐于接受比特币作为一种资金投资的方式。例如，以太坊项目最初的融资就只接受比特币。数字货币圈内对比特币（和其他数字货币）的认可和使用，在无形中强化了比特币的流通和使用，增强了比特币的网络效应。

有一种观点认为，比特币未来可以作为其他数字货币的价值锚和记账单位，成为数字货币社区的通用货币。

市场深度效应

市场深度是指市场报价中某一价位的所有报单量（即可成交量）。单一价位报单量越大，表明市场深度越好，可以承接金额较大的交易。如果报单量较小，表明市场深度较差，或市场很"薄"，很容易被击穿。市值规模更大的货币系统具有更好的市场深度，用户可以非常方便地将大笔资金转换成该种类数字货币，不会对市场产生较大的冲击。

此外，市场深度越好，就会吸引越多的交易者参与进来，从而使每一价位的报单量增加，推动市场深度进一步增加。

价差效应

所谓价差（bid-ask spread），就是指在公开市场报价中最高的买价和最低的卖价之间的差额。价差越小，市场的流动性越好。

在一个公开报价的市场中，买家和卖家都会报出自己愿意成交的价格，因此会存在从高到低的一系列的买卖报价。如果买价与卖价相同，则双方自动撮合成交。未能匹配的报价不会成交，依序排列，等待新进入的报价匹配。因此，如果买家希望尽快买到该交易品种，其买入报价应至少等于最低卖价，以成交在当前市场最好（最低）的卖出价格。同理，如果卖家希望尽快卖出，则其卖出报价应至少跟最高的买价相等，以成交在当前市场最好（最高）的买入价格。因此，理论上说，如果交易者在买入之后迅速卖出该资产，账面净损失就是当前最高买入价格和最低卖出价格之差，英文中一般称为bid-ask spread，在股票、债券、商品和外汇交易中，这一概念都非常重要。

显然，市值规模越大的货币，在交易所里往往意味着更低的买卖价差，其流动性就越好。这对投资者来说，意味着巨大的吸引力：他们在交易中付出的成本更低，交易效率更高。这一优势会吸引更多的投资者来交易，尤其是多次交易的短线投资者，从而使买卖价差进一步缩小，市场的流动性进一步提升。

实际上，上述规模稳定效应、记账单位网络效应、市场深度效应和价差效应是规模的网络效应的四个分支，分别是投资者之间以及投资者与用户之间的网络效应，前者是单边的，后者是双边的。

我们在外汇市场中可以观察到，美元、欧元和日元是全球三大主流品种，也是交易量、流动性和价差表现最好的三种货币。不论是金融机构的交易员还是对冲基金、个人外汇投资者，都愿意选择这些主流品种；相反，那些市场规模较小的货币，由于价差较大、市场深度差，往往不被投资者看好。

个人的单一货币偏好效应

如果一个人因为某种原因已经使用了一种货币，那么他会倾向于在其他交易中继续使用该种货币，而不是更换另一种新的货币。这样做的部分原因是，所有交易中使用单一货币，在认知上比较简单方便，不会给大脑增加从陌生到熟悉的认知过程。

另一部分原因是，人们可以保持一个较低的总余额来保证自己的流动性，而不是在多种货币上都保持余额。可以想见，假如有一个人同时使用多种数字货币，那么携带、兑换甚至记忆上都会造成很多的麻烦。现实的观察也支持这一论点：即便是频繁出境，也极少有人的钱包里出现2种以上的法币。

人际间的单一货币偏好效应

单一货币偏好是指货币的"一般等价物"属性。人们总是倾向于使用其他人都在使用的货币，这样就可以避免在日常支付和经济活动中频繁产生换汇成本，同时也避免了时刻担心汇率波动风险的问题。

在国际贸易几百年的历史中，人们早已被不同货币间的转换折磨得痛苦不堪。汇兑损失是所有交易方都不愿意看到但又必须承担的风险。最终，人们选择了以美元作为广为接受的双边结算货币来充当世界货币，这才基本满足了单一货币的群体偏好。

同样，在互联网上，人们也越来越倾向于使用单一的结算方式和货币。互联网上的交易规模越来越大，形式越来越丰富，对于速度和效率的要求也越来越高，客观上也需要一种统一的互联网货币。

营销与认知的网络效应

数字货币就像任何其他商品一样：越多人使用，就会有越多人谈论，引来更多新用户关注。加上数字货币本身有一定的知识壁垒，人们谈论越多、了解越多，就会有更多人跨越心理障碍和知识壁垒，开始接受数字货币。

价格的网络效应

在市场经济中,价格信号是最重要的指挥棒,决定市场中的资源配置。同样,在数字货币领域,价格为所有参与者提供了最直接的经济激励。价格(市值规模)直接代表着数字货币未来成功的可能性。

如果某一数字货币的价格和成交量持续低迷,即表明市场不认可其长远前景;相反,如果价格和成交量在中长期内稳步上涨,则表明人们对其认可度较高,对未来抱有信心。

如果价格持续上涨会吸引更多人关注,并投入更多精力和资源。矿工会投入更多算力资源,商户也会因为升值预期而更有动力接受它。价格上涨驱动更多创业者加入,开发者们更有动力编写软件,媒体对于价格波动的报道也会进一步扩大该数字货币的影响力。接受数字货币众筹的创业者们会意识到公司资产在升值,接受数字货币作为薪水的员工也会受到激励。所有这些都会让生态网络更丰富、更强大,进一步推动价格的上涨。

投资者和投机者通过永不停息的报价交易决定数字货币的价格,传递自己对数字货币未来的预期和信心。从这个意义上说,价格是数字货币行业最重要的指挥棒。

一直以来,数字货币圈有一个误区:对于只关心价格的投机行为极度鄙视。我们认为这是完全错误的,也没有必要。数字货币作为交易的媒介,目前的交易量不是太多而是太少。只有交易量越来越大,流动速度越来越快,数字货币的价值交换功能才能得到体现。我们应该感谢投资者和投机者。没有他们,就没有充分的价格发现和足够的流动性,商户、矿工和用户们也就无法正常交易数字货币。实际上,衡量数字货币成功与否的标准之一就是交易量的大小和流通速度的快慢。

当然，必须认识到的是，数字货币的价格有炒作和非理性的一面。由于数字货币不存在某一合理的内在价值，实际上无法区分哪些波动是理性的，哪些波动是非理性的。有一千个比特币的投资者，就会有一千个比特币的内在价值。

生态多样性的网络效应

数字货币圈堪称最具多样性的创业圈，充斥着各种各样的人和组织，包括投机者、屯币者、矿工、软件开发者、黑客、钱包开发者、新币创业者、媒体人、评论家、学者、律师、证券公司、银行、保险公司、基金公司、金融监管者、分析师、上市公司、金融巨头、IT 巨头、互联网公司、产业联盟、商户、交易所、慈善组织等不一而足，其都有不同的价值观、预期目标、行为方式、不同的资金量和诉求，这就造成了数字货币生态系统的多样性。多样性会催生多样性。生态系统的多样性越高，抵御外部冲击的能力越强，生命力也就越旺盛和持久。

政府监管的网络效应

政府不太可能立法禁止一个广为人接受、已经成为社会趋势的新技术。

如果某家创业企业打了法律的擦边球，那么监管者就很有可能对其进行审查甚至取缔。但是如果有众多的创业公司进入该领域，那么监管者就要考虑召开听证会以听取行业和公司的意见，然后设定新的监管框架。

网络效应决定数字货币的价值

目前，世界上存在有 600 多种数字货币，未来还会涌现出更多的币种。哪些能很好地生存下来并发展壮大，哪些又命中注定只是昙花一现，或者沦为僵尸币种？投资者到底应该如何选择？那些规模很小的山寨币，它们有超越比特币的可能吗？

之所以详尽地分解数字货币的 16 种网络效应机制，是因为我们试图从网络效应的角度来阐释人们为何选择一种货币而拒绝另一种货币，以及这背后的逻辑和机制何在。这样，我们在投资数字货币时才不会陷入盲目和冲动，更有可能抓住未来能够成功的币种。

现在，我们有理由相信，决定数字货币未来命运的是网络效应。选择数字货币或区块链创投项目的黄金标准也在于其是否存在网络效应。哪种数字货币能够将网络效应发挥到极致，更快达到临界质量点，那么该币种就可能最终胜出。

网络效应直接决定数字货币的价值。对数字货币的网络效应机制理解越深刻，我们就越能够判断未来数字货币的最终赢家。

如果一个数字货币系统拥有了较强的网络效应，则其内生代币一定会得到人们的追捧，其价值也一定会反映在价格和市值上。无法想象，一个未来将主导互联网经济的数字货币，其价格/市值会长期保持低迷甚至持续贬值。

因此，市值越大的数字货币，意味着人们对它未来会成功抱有信心。未来能够真正进入主流社会、被广泛接受的数字货币，可能只有几种，甚至只有一种。其他大量的小市值数字货币虽然也可能长期存在不会死亡，但难成大器。

从目前来看，比特币具有最强大的网络效应、最大的市值规模和最完备的生态系统，是未来最有可能胜出的数字货币。

未来的胜者究竟花落谁家，没有人知道。毕竟，数字货币还处于婴儿期，未来变数太大。因此，投资者应该对任何新生事物保持警惕，以识别出网络效应最强、最接近临界质量点的币种。

数字货币的网络效应评估

网络效应是一个优质的概念模型，但遗憾的是，它无法精准量化：我们永远无法精确地判断微信是何时达到了临界质量点，而米聊是否真的倒在了黎明之前。产品在越过临界质量点之后，用户数量呈爆发式增长，网络效应将横扫一切，对手只能望尘莫及。对投资者而言，分析网络效应是否接近临界质量点，观察数据上是否有爆发的迹象，能够帮助我们抓住高回报的投资时间窗口。

跟创业一样，数字货币项目也面临着很高的失败概率。而且，网络效应会导致赢家通吃，所以数字货币领域的创业成功率更小，失败的项目基本不会受到人们的关注。

目前世界上已经存在有几百个数字货币协议，未来还会涌现出更多。投资者将面临越来越多的选择，如何评估一个数字货币项目的网络效应已然成为了当务之急。

基于上面的分析，评估一种数字货币（或区块链）的网络效应，至少应关注以下几个问题。

- 媒体和搜索引擎开始关注这一币种了吗？
- 矿工群体实力如何？整体算力怎样？能否持续增加？
- 全球节点有多少，在持续增加吗？
- 内生代币交易量是否持续增加？波动性如何？总市值多少？趋势如何？
- 是否有越来越多的交易所上线该数字货币？
- 支持该币种的主要交易所的成交量如何？
- 钱包下载量是否持续增加？

- 活跃地址数是否在持续增加？
- 系统的安全性如何？历史上有无重大的攻击事件和分叉？
- 与该项目相关的投融资和并购活动是否活跃？
- 基于该币种的应用是否越来越多？
- 生态系统是否成熟？社区是否足够活跃？

鉴于比特币在数字货币界的主导地位，下面我们以比特币为例跟踪分析其网络效应。首先至少应参考以下这些指标：

- 谷歌或百度的搜索趋势；
- 全网算力的变化；
- 支持比特币的商户数量和交易量；
- 风险投资的进入；
- 比特币 ATM 机全球分布数量；
- 全网交易量；
- 活跃地址数。

这些指标都从某一侧面反映出了比特币网络的发展趋势，可借此管中窥豹，判断比特币的网络效应。必须指出的是，有的指标是比特币网络的统计数据，很容易在网上找到，可实时查看；而有的指标缺乏公开可得透明的统计信息，需要投资者自己留心跟踪产业的发展变化，梳理包括媒体在内的多个渠道的相关信息，自己作出判断。

下面通过源自 blockchain.info 网站的图 4-2 至图 4-5，我们将简要分析比特币网络的关键指标，从中探寻比特币网络效应发展演化的历史和趋势。

图 4-2 展示了比特币网络的哈希率（全网算力）增长情况，可以看出，2013 年开始全网算力呈现趋势性上升，而且再也没有下跌过。

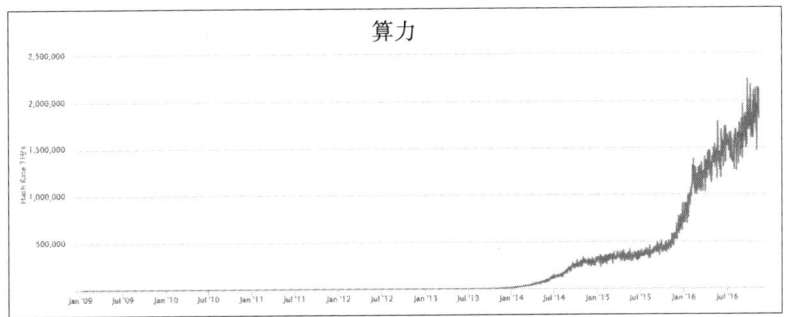

图 4-2　比特币网络的全网算力呈持续增长趋势

图 4-3 展示了比特币网络的日均交易量趋势,可以看出其交易量呈稳步上升的态势,比特币作为价值交换媒介的作用越来越明显。数字货币的设计本身就是用来交易的,交易量越大,交易越活跃,证明其生命力越强,对用户的价值越大。未来比特币协议的区块大小限制会逐步提高,单个区块将能够容纳更多的交易,比特币的日均交易量相应地也会进一步增加。

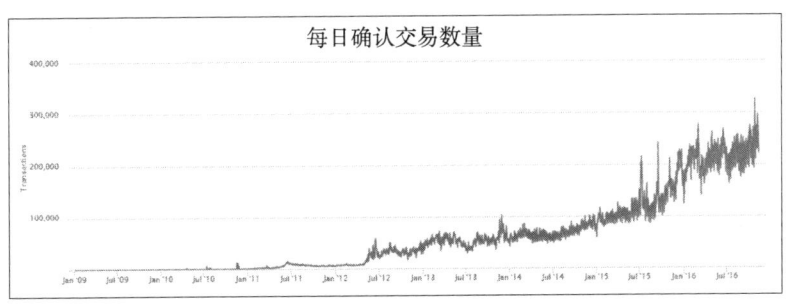

图 4-3　比特币网络的日均交易量呈持续上升趋势

图 4-3 展示了比特币网络的独立地址数量的历史变化。独立地址数可以从侧面反映使用比特币网络的用户变动情况。可以看出,独立地址数量也呈现持续上升的趋势,这也从侧面印证了使用比特币的人数越来越多。

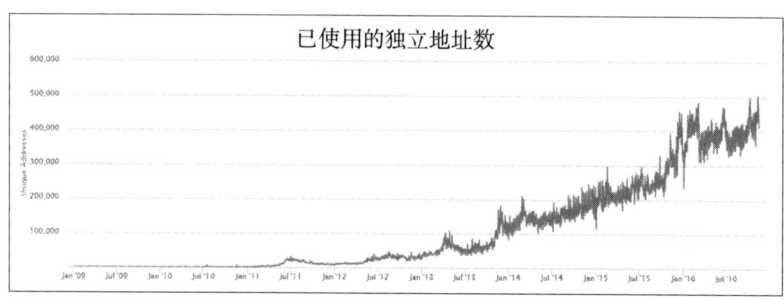

图 4-4　比特币网络的独立地址数量呈持续上升趋势

当然，严格来说，日均交易量和独立地址数都不能准确地反映用户增加的情况。一方面，交易量中有一部分是同一用户控制下多个地址间的交易。另外，有些比特币服务提供商也可能在比特币网络上产生大量的无效交易。另一方面，独立地址数可能因为日益增长的混币服务而变得越来越多，使得"水分"增加。

观察比特币网络用户数量更准确的指标是交易手续费。图 4-5 展示了比特币网络的交易费（7 日平均）的历史走势。同样，支付给矿工的交易手续费也呈持续上升的态势。2016 年，虽然比特币价格未恢复到 2013 年的历史高点，但交易手续费已经逼近了历史高位，证明比特币网络的用户数在增加。长远来看，有多少人愿意为比特币交易付费，交易手续费占矿工收入的比例有多少，才是比特币价值的最好体现。毕竟，随着产出量的减少，交易手续费对于矿工来说越来越重要。比特币网络的交易越活跃，矿工能够收到的手续费就越多，则矿工就会有更大的动力付出算力资源来验证交易，维护区块链正常运营。

04 数字货币投资分析框架

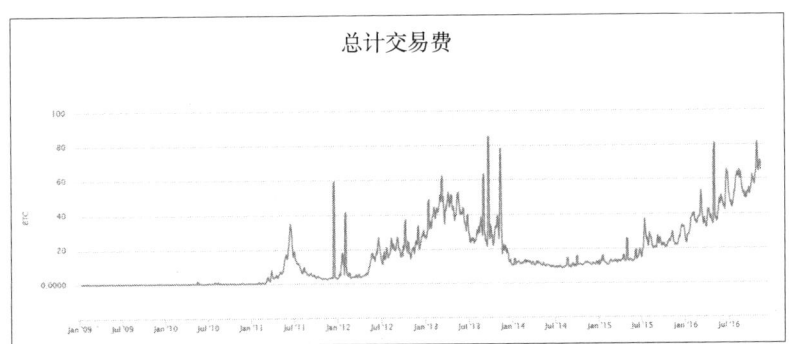

图 4-7 比特币网络的交易费用（7 日平均）呈持续上升态势

通过以上统计信息，我们对于比特币网络有了直观的认识，也能感受到比特币近年来的持续成长。只有比特币网络的持续成长，投资比特币才有长远的价值。

理解比特币的网络效应，对于理解其他数字货币具有巨大的示范和启发意义。专注于其他数字货币的投资者完全可以参考比特币网络，建立对应的指标体系，以评估该数字货币的网络效应。请牢牢记住，网络效应决定数字货币的价值。所有认真的投资者都应该投入时间和精力收集数据，建立一套自己的观察指标体系，以研究判断数字货币的网络效应。

价格情绪周期

所谓情绪，实际上是我们对身体感知到的内外部刺激的一种复杂反应，情绪会激发生理反应、感觉、认知以及行为。跟情感不同的是，情绪更不稳定，具有较强的情景性、随机性和暂时性。达尔文认为，情绪是人类千万年进化的产物，情绪帮助我们适应这个世界，是我们适应环境的一种工具。达尔文将情绪看作一种遗传的、对外部复杂环境做出定性分析并激发应对行为的一种心理状态。

情绪的适应性功能在于情绪反应是无意识的,往往先于我们的理智和知觉发生,目的是对外部环境和情境做出快速的评价。

达尔文推断,人类特有的情绪反应是长期进化的产物。情绪很可能是原始人类适者生存的关键机制。现在,我们已经知道情绪是一个强大的进化工具,是人类快速评估环境中所有事物和行为的适应意义的一种心理机制。

价格波动与情绪

对于投资者来说,情绪主要依赖于市场价格的波动。因为,价格波动意味着你的财富在波动。

不断有人进场或者离场,买进或者卖出,因此形成了市场的波动,也使得交易永远会出现预料之外的结果,你永远无法控制。

当投资品价格上涨的时候,投资者的肾上腺素加速分泌,他们的心情大多乐观、兴奋和自我满足。上涨也会改变我们的认知。

当投资品价格下跌的时候,投资者眼睁睁看着账面盈利变为亏损,他们的心情多数五味杂陈,是抑郁、恐惧、紧张和后悔,神经系统引导肾上腺释放荷尔蒙,进而导致内部组织释放血糖、升高血压,心跳加快,瞳孔放大,增加出汗和唾液分泌,皮肤温度降低。抑郁是因为感觉自己判断失误,被市场惩罚,导致财富损失。恐惧是因为担心股价可能进一步下跌,导致亏损加大。恐惧和害怕导致我们的身体暂时"被冻住",全身僵硬,无法采取行动,因为已经丧失了行动的勇气。投资者甚至会产生侥幸心理,以为价格下跌只是暂时的,总会涨回来的。于是,他们有可能错失最佳的止损时机。当然他们也会紧张,因为要调动所有注意力盯住价格,跟踪其后续的变化,并时刻准备着是不是需要采取行动逃离当前的困境。至于后悔,当然是抱怨自己在之前还盈利或亏损很少的时候没有及时卖出。

不论价格上涨或是下跌，都会改变投资者的认知并采取行动。图 4-6 展示了一个典型的个人投资者的情绪周期。可以看到，投资者的态度和情绪是如何被价格涨跌周期所左右的。如果你有过多年的投资经验，相信会深有感触。

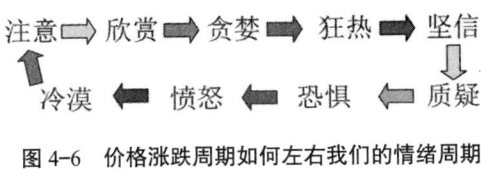

图 4-6　价格涨跌周期如何左右我们的情绪周期

图 4-6 提醒我们，在市场上，价格周而复始，情绪周而复始。人们对资产价格的信心的波动和资产价格本身的波动几乎是同步的。换句话说，我们每个人的情绪都被资产价格所左右，涨了，我们就变得乐观；跌了，我们就开始悲观。

价格情绪周期五阶段

在面对价格涨跌时，投资市场中千千万万的个体会因此而产生相似的情绪波动，而且情绪还会像病毒一样，在参与者之间传播。当所有个人的情绪汇集成海后，就变成了群体的情绪。在资产价格循环中，人们无数次地观察到，投资者群体的情绪呈现出极为相似的周期性，即所谓的情绪周期，即价格上涨时从乐观到疯狂，价格下跌时从疑惑到绝望。

价格周期和情绪周期，互为因果，如影随形。两者的差别在于：价格周期无法预测，情绪周期相对容易观察和预测。一旦意识到了这一点，就可以给投资带来方法论上的突破，也可以通过观察投资者的情绪，判定当前投资者所处的情绪周期的位置，进而粗略地判断当前市场价格在整个周期中所处的位置，从而提高胜率。

我们发现在股市，包括数字货币在内，任何资产的价格波动周期、其投资者情绪周期都可大致划分为以下五个阶段。

第一阶段：牛市初期每个人都表示乐观

第一阶段具有以下的特性与表现：

• 熊市已经持续了较长时间，市场不再低迷，但人们依然沉浸在熊市氛围之中；

• 价格已经持续上升了数月，甚至更久，期间会有一定的调整或横向盘整；

• 市场乐观情绪开始滋生，并且开始相互传染，蔓延开来；

• 大部分人开始疑惑市场到底能涨多久，何时应该入场；

• 保守谨慎的人希望等待一次大跌再进场；

• 市场上存在着大量的机会，似乎很难做出决定——多数投资者变得无所适从；

• 当出现大幅调整的时候，人们往往又改变观点，认为市场会恢复正常，不会出现明显的上涨或下跌趋势。

第二阶段：牛市形成后大众看法逐渐趋同

第二阶段具有以下的特性与表现：

• 市场调整的时间比多数人预想的要短，幅度也小得多；

• 价格节节攀升，不断创出新高；

• 没有买入而踏空的人不断抱怨"涨幅惊人，市场疯了"；

• 从专业人士到财经记者，人们的意见越来越趋向于市场会继续上涨，但随时会有大幅度的调整，那是千载难逢的进场机会；

• 对价格和点位的预测逐渐乐观，但仍未达到异想天开的程度；

- 市场的自我强化开始形成；
- 随着价格的不断攀升，投资者们既兴奋又不安；
- 人们对价格涨幅（收益率）的预期越来越高；
- 每个人都不愿意错过机会，原本保守的投资者开始买入，早期进场者已经大赚，甚至开始加杠杆买入；
- 离市场最远、对市场最不关注的投资者（一般称为"韭菜"）跃跃欲试，准备进场；
- 开户数增加，新"韭菜"不断涌入，他们多数没有经验，缺乏风险意识，却极度自信；
- 大牛市的幻觉开始出现，市场加速上升，这强化了人们对趋势的信心；
- 所有热门的投资品都遭到疯抢；
- 谨慎保守者和泡沫论者遭到大众的无情嘲笑；
- 到处弥漫着乐观情绪，投资者对新闻和信息极易反应过度，引发价格剧烈波动。

第三阶段：泡沫化后疯狂与贪婪达至顶峰

第三阶段有以下的特性与表现：

- 价格持续大幅上涨，已经攀升到很高；
- 所有人都认为出现了泡沫，但也认为这次有所不同，是史无前例的超级大牛市；
- 人们对未来价格的预测高得离谱；
- 所有人都在追逐风险，押宝不确定性；
- 人们把高度不确定的投资故事视为 100% 确定，故事越讲越大，越讲越离谱；
- 推荐投资的信息越来越多；
- "韭菜"们很快就赚了很多钱，开始飘飘然到处吹嘘；

- 街头巷尾都在谈论投资该领域；
- 外行鄙视内行，胆子大的鄙视胆子小的；
- 长期持有、十年牛市的说法大行其道，听不到反对的声音；
- 人们对收益率预期非常乐观，如至少 50%、至少翻倍等；
- 投机情绪高涨，到处都充斥着某某三个月十倍、财务自由、移民海外的传说；
- 每个人都默认牛市会继续，梦想着自己能一夜暴富；
- 全民都投入到这场投机盛宴中，极少有人能安心工作；
- 人们开始超前消费，花钱变得大手大脚，尤其是最受益于牛市的业内人士和高管；
- 相关的基金和理财产品热卖，瞬间被热情的投资者抢购一空；
- 频频出现文章强调大牛市对于国家、民族的重要性。

第四阶段：熊市开始

第四阶段有以下的特性与表现：

- 由于某种可知或不可知的原因，市场开始暴跌；
- 暴跌初期，人们往往认为是正常调整，提供了买入良机，甚至越跌越买；
- 开始下意识地否定谣言和悲观信息，认为下跌只是暂时的，中长期前景依然向好；
- 跌幅扩大，投资者的账面盈利快速消失，甚至开始亏损；
- 人们开始惊慌失措，恐惧心理在市场蔓延，继而加剧了下跌的趋势；
- 媒体开始编织出一套逻辑来解释下跌，如最常见的外资阴谋论；
- 随着下跌的持续，大众情绪从恐慌到麻木，内心逃避自己的损失，选择闭口不谈或卧倒装死，甚至以长期投资为借口来安慰自己；
- 所有实质性的利好消息都无法阻挡价格下跌；

• 人们开始破口大骂或调侃之前看多的大V和专家，认为他们都是无耻的骗子；

• 投资者慢慢接受现实，对价格的幻想从"回到牛市高点"变为"回本就行"；

• "韭菜"们痛定思痛，发誓永不炒股，好好工作才是王道；

• 人们变得很悲观，认为任何机会都有风险，变得极为淡漠；

• 之前一直看空市场的人开始跳出来装大神，论证自己如何英明神武；

• 人们开始重视投资风险，重视确定性；

• 政府开始意识到价格下跌的影响太大，呼吁市场冷静，并出台支持性措施。

第五阶段：熊市后期的情绪低迷

第五阶段有以下的特性与表现：

• 价格反弹之后快速下跌，但并未创出新低；

• 反弹的幅度越来越小，价格波动区间越来越小，成交量极小，行情低迷；

• 大部分资金都已经撤走，先前叫嚣"长期持有"的人亏损严重，保持沉默；

• 每个人都很悲观，每个人都认为还会暴跌，而且随时可能暴跌；

• 投资者极度厌恶风险；

• 每个人都非常谨慎保守，保守投资、价值投资、低风险低收益率的策略受到追捧；

• 价格对信息的反应比较麻木，只有重磅利好才会刺激价格上涨，其他情况几乎无反应；

• 市场依然趋势不明，但部分品种的交易已经开始活跃，人气有所恢复；

• 每当有下跌，人们都会立即清仓，短线交易、有赚就跑、积少成多的投资理念在市场中弥漫；

- 投资者心里感知的跌幅远远大于实际跌幅。

牛市和熊市的价格情绪周期周而复始，从来没有改变过。

所有资产类别、每一轮价格周期都会出现与上述五个阶段类似的价格–情绪周期。从怀疑到乐观，从乐观到狂热，从狂热到疑虑，从茫然到悲观、恐惧和绝望，这种周而复始的情绪循环，你可以很容易地在任何一个国家的股票市场、外汇市场、债券市场和房地产市场上看到。

这是对所有资产类别价格情绪周期的一个一般性概述。每个市场的价格周期都无一例外地对应着投资大众的情绪演化周期。

价格情绪周期是由基本的人性决定的，是必然规律，没有任何人能够逃开这种周期性的情绪演化。不论任何资产，不论是 200 年前还是 200 年后，不论是美国还是巴西，不论是黄金、原油还是股票、房地产，甚至玉石书画，概莫能外。

考察数字货币的领头羊比特币，过去 4 年其价格波动正好包含一个完整的牛熊周期。利用巴比特网站提供的丰富资讯，笔者仔细梳理了 4 年来与比特币价格波动直接相关的所有新闻标题，观察到比特币的投资中也存在着明显的价格情绪周期（如图 4-7 所示）。

在图 4-7 中，展示了 2013 年 5 月至 2016 年 9 月的比特币周 K 线图。2013 年 5 月正好是上一轮比特币牛市的起点。比特币从 2013 年 7 月的 400 元人民币一直涨到当年 11 月的 7 995 元的历史高位，涨幅近 20 倍。自 5 月始，关于比特币暴涨是不是郁金香泡沫或庞氏骗局的讨论就没有停止过，统计发现从 2013 年 5 月到 11 月一共有 6 篇文章参与了激烈的争论。有趣的是，在价格达到顶点的 11 月，出现了多篇反驳泡沫论的文

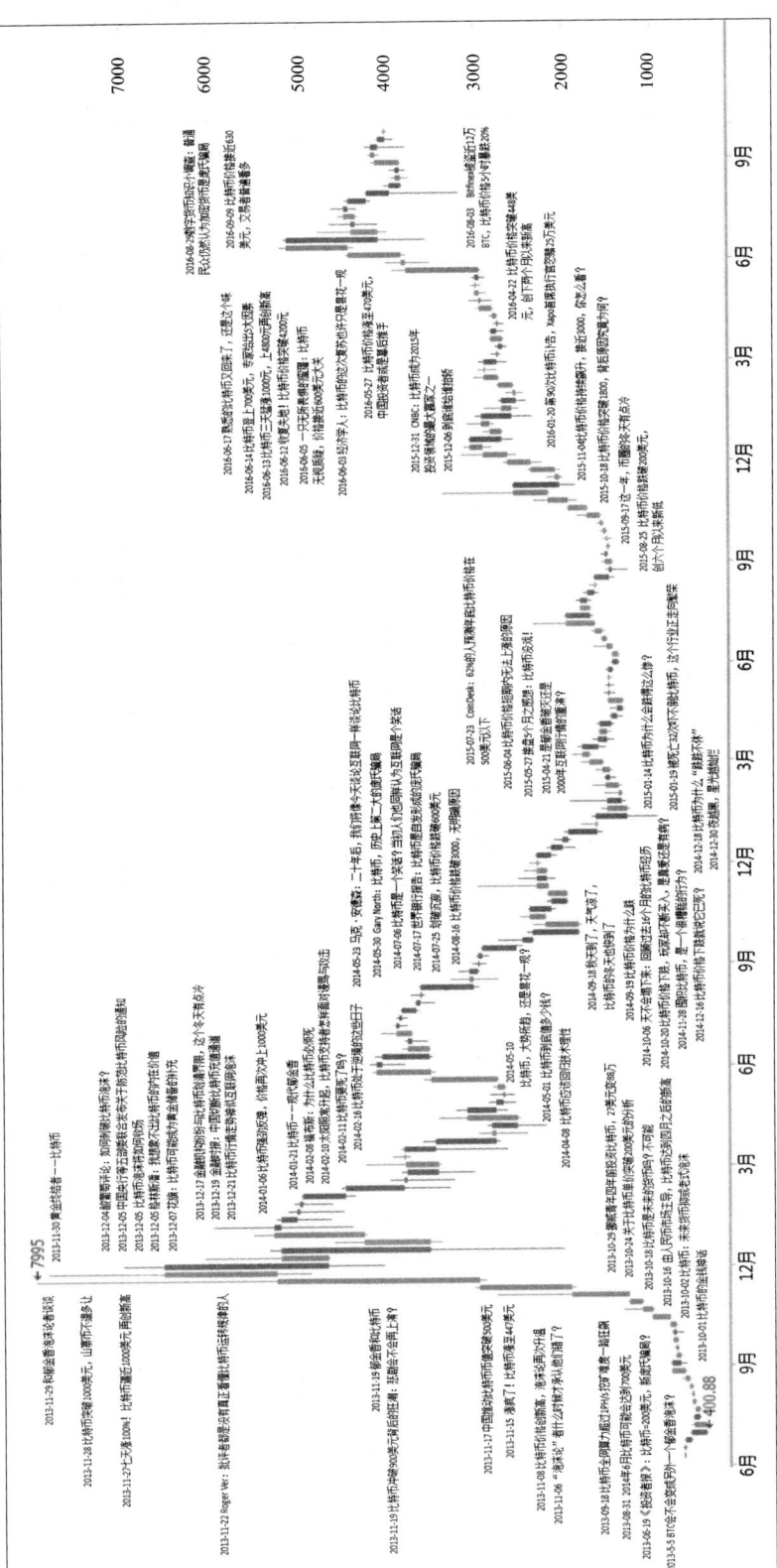

图 4-7 比特币的价格情绪周期

章，比特币多头因价格上涨带来的极度自信可见一斑。此一阶段对应于价格情绪周期五阶段中的第三阶段——泡沫化后疯狂与贪婪达至顶峰。

从 2013 年 12 月开始，随着价格高位震荡并逐渐回落，在我国央行等五部委联合警示比特币风险等负面新闻的冲击下，市场情绪由狂热转为冷静和沉寂。多头退缩，之前一度沉寂的空头再度活跃，涌现出一大批的骗局论和泡沫论文章。从 2013 年 12 月到次年 5 月，共 6 篇唱空文章。相反，整个 2014 年反驳泡沫论的多头文章却越来越少，对于价格下跌和屯币行为的反思文章日益增多，这显示投资者在熊市中急于寻找持币理由、自我安抚的行为。熊市一直持续到 2015 年 1 月，价格创出新低 933 元后反弹。容易看出，2013 年 12 月到 2015 年 1 月对应于价格情绪周期五阶段中的第四阶段（熊市）开始。投资老手们应该还记得，那个时候论坛和 QQ 群里充斥着各种谩骂、幻想和猜测。

从 2015 年开始，比特币结束了长达一年的持续下跌，进入横盘震荡期，价格区间为 1 300~2 000 元，价格波动幅度极小，市场人气涣散，成交低迷，几乎没有什么人讨论比特币了，之前几乎一周一次的热闹行业聚会也销声匿迹。2015 年的比特币对应着价格情绪周期五阶段中的第五阶段（熊市）后期，其典型特征是价格不再创新低，投资者情绪极度低迷，极度厌恶风险，价格对任何利好都几乎没有反应。

进入 2016 年上半年，比特币币价突破 2 000 元，在 2 000~3 000 元之间也至少徘徊了 6 个月。5 月开始，价格开始持续上涨，直至进入 2017 年。可以粗略地将 2016 年对应为五阶段中的第一阶段和第二阶段。

由此可以确认，比特币也存在着典型的价格情绪周期五阶段的特征，投资者可以充分利用五阶段模型来分析市场状况，提高投资取胜的概率。

投资者可以根据市场参与者的行为、言论和媒体报道来确定当前市场到底处于五个阶段中的哪一个阶段,从而对未来价格走势有一个中长期的、粗略的判断,并以此作为投资决策的依据之一。例如,在熊市末期和情绪恢复期,当然应该逐步买入,甚至越跌越买,而不是见好就收;在阶段三的全面牛市和阶段四的熊市初期阶段,应考虑减仓甚至清仓,以保障胜利果实和投资资金的安全。

时间

任何一个新生事物的发展壮大或者灭亡都需要时间。对于数字货币来说,时间因素意味着两个重要的话题:第一,数字货币需要时间来扩散到每一个人;第二,数字货币相关的技术也需要时间来滋养。

数字货币需要时间来扩散到每一个人

数字货币是划时代的创新。这一创新能否经得起时间的检验,并被全社会广泛接受,这是数字货币投资中最难回答但又必须面对的问题。技术创新如何在全社会传播开来,扩散到每一个人身上,是一个漫长的过程。一般地,创新的扩散过程是如何发生的,有什么规律,也成为人们关注的话题。幸好,这个问题已经有了最受认可的答案,那就是著名的创新扩散的 S 曲线理论(如图 4-8 所示)。

1962 年,美国学者埃弗雷特·罗杰斯(Everett Rogers)教授在《创新的扩散》(*Diffusion of Innovations*)一书中,总结出创新事物在一个社会系统中扩散的基本规律,提出了著名的创新扩散的 S 曲线理论。罗杰斯认为,创新是一种被个人或组织视为新颖的观念、实践或事物;创新扩散无一例外地,是从少数人发展到越来越多的人认可、接受,甚至成为一种习惯,因此本质上是一个全社会参与的学习和渗透的过程。

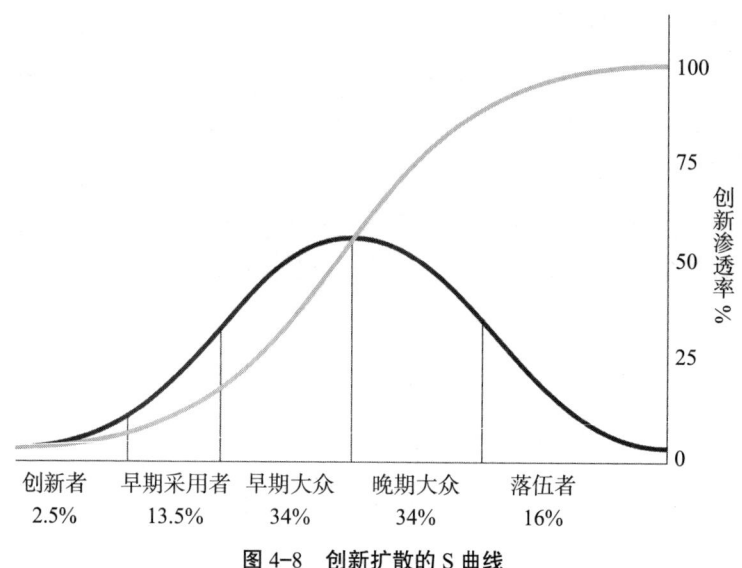

图 4-8　创新扩散的 S 曲线

新技术在全社会扩散的过程正如流感病毒在人群中蔓延开来一样。总有一些人很容易被流感病毒所侵袭，成为感染源。同样，也总有一些人对于新技术非常热衷，他们会成为创新扩散过程中的早期"感染源"，去感染更多的人接受创新。

下面将借用这个理论来解释数字货币扩散的基本过程。

在图 4-8 中，左右对称的钟形曲线代表了全部人群，按全部人群对创新的"易感性"划分为五类，从左到右依次是创新者、早期采用者、早期大众、晚期大众和落伍者，创新随时间的流逝逐渐渗透到每一类群体。每一类人群都具有明显不同的特质，这些特质决定了他们对于创新的态度和接受程度，因此对应着他们在创新扩散过程中所处的位置。

图 4-8 中另一条是 S 形上升曲线，代表接受创新的总人数，可以理解为新技术在整个人群中随时间的渗透率曲线。因此，最左边从零

开始增长，一直到最右边的100%，代表创新已经扩散到全社会的每一个人。刚开始时，S形曲线缓慢上升，这时只有极少数人接受创新，创新在人群中扩散的速度非常慢。然后，在越过某个临界点之后，创新在人群中的扩散速度大大加快，越来越多的人开始接受该创新，曲线开始急速向上攀升，直到有一半人群都接受创新为止。接下来，走势又变平缓，新增人群越来越少，因此S曲线呈现缓慢上升的态势，直至渗透至全体人群。

位于钟形曲线最左边的是第一类人——创新者。他们人数最少，在人群中仅占2.5%，但却拥有最强的创新力，在创新扩散过程中占据核心地位。他们往往具有下述特征：有冒险精神，热衷于尝试新观念、新事物，乐于承担新事物带来的失败风险和不确定性；特立独行，见多识广，结交广泛；能够接触到信息、技术资源和其他创新者，是自觉推动创新的急先锋。创新者常常是"非主流"或者边缘人士，社会地位未必很高。创新者是新生事物的发明者，同时也是创新最早、最坚定的宣传推广者。在数字货币世界，比特币的发明者中本聪和一些早期开发者都应归于创新者的行列。

位于创新者之后，第一批被"创新病毒"感染的就是所谓的早期采用者，在数量上他们要比创新者多很多，约占总人数的13.5%。如果说创新者"走南闯北"，那么早期采用者则是典型的"地方意见领袖"。他们的典型特征是：受过高等教育，视野比较开阔，学习主动，努力让自己处在技术潮流的前沿；通常是本地的意见领袖，人们认可并愿意向其寻求意见和帮助；在冒险程度上比创新者要谨慎，但在收集到足够信息后会很快接受创新，成为创新的拥护者和积极的宣传者。早期采用者是创新能否走向大众的关键桥梁。S形曲线在越过早期采用者之后，才能正式进入加速阶段。一项新技术，即使它的性能再好、成本再低，如果不能找到足够多、足够忠诚的早期采用者，将创新在本地社群中宣传推广，那么这个新技术很可能无法扩散到社会的更多角落。

你我身边都有大量的早期采用者：几乎每个办公室或朋友圈里都会有一两个电子产品发烧友。只要有新产品上市，他们都会买来试一试，并与同事们分享。其他人在买手机、买电脑时，也往往乐意请他们帮忙出谋划策。这些热心人就是新技术的早期采用者，他们是传播新技术的"本地布道者"，是扩散成功与否的关键群体。

在比特币的发展史上，有一个早期采用者的故事不得不提。2010年5月，比特币刚刚诞生一年多，价格可能只有几分钱，一位昵称为Laszlo的人在论坛上发帖，称愿意以50美元的价格出售10 000枚比特币，结果没有人响应。不过，有人表示，可以用价值25美元的比萨饼优惠券来换这10 000枚比特币。Laszlo答应了。这笔交易相当于一枚比特币只有0.5美分，合人民币约3.5元。如果按目前比特币的市值计算，这可能是史上最贵的比萨饼。

目前，数字货币依然处在早期采用者阶段。比特币虽然有约8年的历史，但用户依然很少，社区依然很小。换句话说，恭喜本书的读者们，你们也跟笔者一样，是数字货币的"早期采用者"。

有了足够多的早期采用者，就有可能推动创新渗透到下一群体——早期大众。早期大众的群体数量十分庞大，在人数上占比约34%。他们通常深思熟虑，在决定之前会多方收集信息，经常与同事或朋友沟通，比较主动且愿意接受新事物，愿意听从意见领袖们的推荐。他们也容易养成新的使用习惯并产生依赖性。一旦他们发现身边越来越多人开始接受新技术，往往会主动学习迅速跟进。一句话，早期大众是引爆流行的关键力量，得之即得天下。

数字货币行业，不论是比特币、山寨币还是基于区块链或智能合约的应用,未来能否成功将主要取决于能否成功覆盖早期大众。

一旦一个创新覆盖了早期大众,这一创新就拥有了50%的渗透率,可以以此为基础,未来继续渗透到另外一半人群就容易多了。因为这时每个人都会感受到周围有人采用了新技术,那些原本怀疑和抗拒的人会非常明显地感受到压力。那些后知后觉的人,我们可以统称为晚期大众,他们在数量上的占比为34%,与早期大众的比例相同。他们的典型特征包括:社会地位相对较低,往往缺乏独立的意见;接触新事物时疑虑较多,批评较激烈,不愿改变现状,内心抗拒,难以形成新的使用习惯。他们从开始接触到最终接受的时间很漫长,往往是被迫"半推半就"地接受,通常是出于经济必要或社会压力。结果就是整体上看,他们接受创新的时间会明显晚于社会平均。

落伍者是创新需要攻克的最后一个堡垒,在数量上约占16%。他们是最晚接受创新的一批人,你甚至可以称其为"老顽固"。他们一般因循守旧,局限于地方观念和固有经验,比较闭塞,抗拒新事物,厌恶改变,拒绝学习,社会地位低且多数年龄较大,完全不在意新技术带来的便利和好处,过度依赖以往习惯和经验,推崇过去的"老传统"。

对个人而言,创新扩散的过程就是个体不断收集信息、学习内化、个人主观认知的不确定性逐渐减少的过程。以比特币为例,大多数人第一次听说的时候,一般是这个反应:"有这么神奇?"或者"哦,我知道我知道,就是那个暴涨暴跌的东西。"未来随着比特币价格的上升,会有越来越多的人加入到早期采用者的行列,推动数字货币的渗透率不断提升。

对于投资者而言,理解创新扩散S曲线理论的意义在于,可以借此观察数字货币这一新技术在全社会中的扩散过程,判定其当前所处的位置，从而更好地把握投资时点。比如，我们可以评估一下自己和好友属于五类人中的哪一类，他们对于数字货币采取何种态度，这种态度是否在随着时间改变。

数字货币自身需要时间来发展壮大

所有革命性技术都无法做到一落地便完美无缺，都需要逐步优化和升级，以满足人们不断变化的需求。因此，只有通过这个过程才有可能真正地生根发芽，融入到社会之中。

软件有更新升级的问题，数字货币作为去中心化的软件协议，其更新升级往往会涉及多方利益，不可能像普通软件一样，官方发布最新版本供所有用户下载更新即可。如果你选择不更新，或坚持使用较旧版本，那问题也不大。数字货币的特殊性在于，由于其区块链记录所有历史交易的特点，数字货币的升级更新需要极为谨慎，并要获得社区的绝大多数支持，难度非常高。一不小心，就会有硬分叉的情况出现。目前，比特币社区对于区块扩容的争议依然没有停止，隔离验证即将在新的 Bitcoin core 版本中激活。而另一个备受瞩目的数字货币项目以太坊，更是在 2016 年经历了重重困难。继 DAO 被盗之后，以太坊区块链分裂为两个社区：一个为官方的 Ethereum，另一个名为以太坊经典（Ethereum Classic）。目前，官方 Ethereum 正经历多次被攻击的困扰，官方开发团队正在筹划第四次硬分叉。由此看出，不论软分叉还是硬分叉，对于数字货币来说都意义重大，而且可能无法避免。

所有认真的数字货币投资者应投入足够的精力，跟踪数字货币核心程序的升级更新和技术上的变化。系统升级是否顺利，是否发生了硬分叉或网络攻击，都会对币种价格产生重大影响。同时，投资者也应理解，优化升级是数字货币成长壮大的必由之路，中间出现争议、分叉甚至被攻击也是发展过程中难以避免的阵痛。

除了核心软件，围绕数字货币的生态系统，比如媒体、信息服务、创业者、矿机、钱包、应用开发等，都需要时间来滋养，不可能一蹴而就。投资者应对此保持密切关注。

最后，面对数字货币技术时，政府监管也需要足够的时间去观察和了解。政府官员应与业内人士充分交换意见，以逐步将数字货币纳入监管框架。从目前来看，全球的主流国家如美国、英国、中国等，对数字货币和区块链都持开放和相对宽容的态度，与三年前的态度明显不同。显然，产业与政府间的互动和交流必然会增进互信；同时，监管原则和方法也会随时间的推移逐步完善。

数字货币投资分析框架各要素的关系

我们的投资分析框架包括网络效应、价格情绪周期和时间三个因素。这三者之间的关系可以形象地用图4-9来表示：网络效应是分析框架中最重要的"宏观因素"；其次是价格情绪周期，可以认为价格情绪周期在分析研究中处于"中观因素"的位置；而时间和其他变量则基本可归类为数字货币投资的"微观因素"。从宏观到中观，再到微观，构成了一个逻辑完整、阐述缜密的数字货币投资分析框架。

如图4-9所示，横轴为时间，纵轴为数字货币的价值。如果数字货币具有网络效应，而且这一网络效应最终随着时间的推移变得越来越强大，则单纯考虑网络效应，数字货币的价值应该是呈指数增长的。

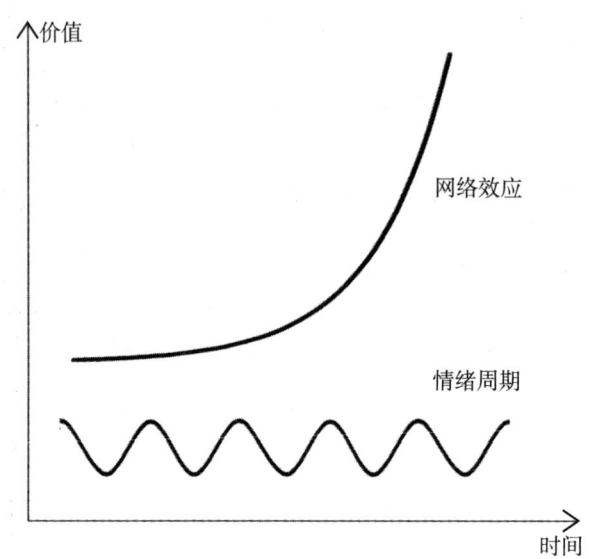

图 4-9　数字货币投资分析框架各要素的关系

该投资分析框架的第二个因素是投资者的价格情绪周期，图 4-9 中以典型的正弦波周期表示投资者的价格情绪总是循环往复，从一个极端摆动到另一个极端。假设其他因素不变，仅考虑投资者的价格情绪周期，则数字货币的价格也是起伏不定的，但中轴线始终保持相对稳定。

当然，上述分析将两个因素孤立出来是为了说明的方便。

在现实中，数字货币的网络效应和投资者的价格情绪周期会纠缠在一起，难分彼此。因此，读者不妨尝试将图 4-9 中的两个曲线叠加，可能会得到更接近真实的数字货币价格波动的长期模式。

该框架的第三个因素是时间。不论是网络效应还是投资者群体价格情绪的周期性变化，都需要时间的孕育和催化。同时，数字货币作为一个全新的社会创新，要想扩散到全世界，必然要遵循创新扩散的

S 曲线理论。目前来看，比特币才刚刚传播到五个阶段中的"早期采用者"这一阶段。数字货币本身也会面临着更新升级、技术换代、分叉考验，同样也需要时间来孕育自己。

在这个投资分析框架中，网络效应决定了数字货币的基本面；而价格情绪周期，则决定了数字货币的技术面；而第三个因素——时间，则是最无情、最可怕的因素。我们可以将除网络效应和价格情绪周期之外的所有影响价格的因素，都归在"时间"这个维度中了。

有了数字货币的投资分析框架，投资者们从此就有了一个理性、强大的分析工具。具体地，投资者在做出决策之前，按照这一分析框架考虑如下三个核心问题。

- 这个数字货币的网络效应发展状况如何？
- 当前市场的投资者情绪正处于价格情绪周期的哪个阶段？
- 该数字货币位于创新扩散 S 曲线的哪个位置？

05

基于区块链数字货币的数字资产

2016年5月,美国加利福尼亚州比特币交易所及钱包服务商 Coinbase 表示,将更名为 GDAX(Global Digital Assets Exchange),即全球数字资产交易所之意。从"货币"到"资产"的微妙转变,反映了生态圈内对于市场走向的不同看法。2016年6月 Coinbase 发表的白皮书指出,比特币等加密货币是市场上唯一与传统资产没有关联性的新型资产。白皮书中参考了1997年一篇关于资产分类的文章,将资产分为固定资产(capital assets)、可转换资产(consumable/transformable assets)以及保值资产(store-of-value assets)三类。同时基于彭博社和区块链数据商 TradeBlock 的数据,作者将比特币的价格走势与标准普尔500指数、美国证券、黄金、房地产、原油和新兴市场货币的数据作了比较,得出比特币在过去5年的价格走势一直与其他资产无关这一结论。这是目前市场上唯一具有如此特征的资产。当然这只是业界的看法,主流媒体并不这么认为。

2013年12月,中国人民银行等五部委发布关于防范比特币风险的通知，其中对比特币的性质进行了界定："从性质上看，比特币应当是一种特定的虚拟商品，不具有与货币等同的法律地位，不能且不应作为货币在市场上流通使用。"

2014年3月，美国国税局（IRS）发布了《虚拟货币指引》（IRS Virtual Currency Guidance），其中解答了16个问题，并将比特币定性为财产（Property）。这意味着：

- 雇主使用虚拟货币支付给员工报酬，员工和雇主都必须上报；
- 用虚拟货币向承包商和其他服务提供者支付报酬是应纳税的，且适用于自雇税规则；
- 如何定性买卖虚拟货币的损益，取决于纳税人是否将虚拟货币视为"资本资产"（capital asset）。

出台这个政策的背景是，根据美国税务法律，美国税务局的这个政策使比特币投资者等同于股票投资者。如果投资者在买入比特币后一年内出售，税率则最高达到43.4%；若持有比特币超过一年再出售，税率有所下降，但最高也有23.8%。美国税务局的征税措施同样适用于比特币矿工，矿工须按照美国税务局规定申报他们挖得的比特币所值美元的数额，对于将挖矿作为主业的人或机构来说，还将征收个人或企业所得税。

2015年12月16日，美国证券交易委员会（Securities and Exchange Commission，SEC）已批准在线零售商Overstock通过互联网发行股票的计划，Overstock旗下T0即将发行史上第一种区块链证券，总额高达5亿美元。这意味着未来几年金融证券的发行方式可能出现重大转变。

2016年1月20日，中国人民银行数字货币研讨会在北京召开。来自人民银行、花旗银行和德勤公司的数字货币研究专家分别就数字货币发行的总体框架、货币演进中的国家数字货币、国家发行的加密电子货币等专题进行了研讨和交流。会议进一步明确央行发行数字货币的战略目标，将做好关键技术攻关，研究数字货币的多场景应用，争取早日推出央行发行的数字货币。数字货币的设计应立足经济、便民和安全原则，切实保证数字货币应用的低成本、广覆盖，实现数字货币与其他支付工具的无缝衔接，提升数字货币的适用性和生命力。

本章涉及的数字资产主要指以比特币为面值单位的资产，这些资产可能有独立运行的区块链，或者依托于现有的公共区块链。

发行原理

比特币的脚本系统允许用户在交易时发送少量的元数据（Metadata），这些元数据构成了发行、管理及交易区块链资产的基石，并且衍生出了一系列基于此的相关项目和应用。

举个例子，用户 A 在发送一笔比特币时，利用脚本在元数据中写入创建了 1 000 个单位的资产，并且把这 1 000 个单位的新资产发送给了用户 B，用户 B 在收到一笔微量比特币的同时，也已经成为了这 1 000 个单位资产的主人了。

一个常见的比喻是，区块链可被视为 TCP/IP 协议，而基于区块链的加密数字资产就是 HTTP 协议。加密数字资产（Crypto-assets）也被视为区块链最有前景的应用领域之一。

基于比特币区块链来发行数字资产，主要考虑到了以下两点：

一是安全性。比特币区块链网络经过多年的运行，安全性及受信任程度是最高的；

二是不可篡改性。

目前，基于比特币区块链进行加密数字资产发行的协议主要有以下三种。

奥妙币协议

2012年1月，软件工程师威利茨（J.R.Willett）发布了奥妙币（Omni）的前身万事达币（Mastercoin）的白皮书初稿，他在白皮书中提出了一个大胆的设想，就是把现在的比特币区块链视为一个协议层，可以基于此协议层构建新的货币层而无需改动底层协议。比特币区块链上发行资产成为可能，也从此打开了比特币区块链应用的新通道。

2013年7月31日，该项目正式发布并且开始了为期一个月的众筹。众筹期间任何人都可以发送比特币到1EXoDusjGwvnjZUyKkxZ4UHEf77z6A5S4P这个指定地址，兑换比例是1枚比特币换取100枚万事达币。

尽管有投资归零的风险警告，待到众筹在8月30日结束时，仍然有约500名用户发送了近5 000枚比特币。按照当时比特币约100美元的价格计算，这个项目获得了近50万美元的支持。

此结果一出，引发社区哗然。

第一个原因是这是第一枚基于比特币区块链发行的竞争币，验证了在区块链上发行新币的可行性，打开了区块链应用的一个新领域。

第二个原因在于众筹的成本极低，而收益极大。因为这个协议利用了已有的比特币区块链的基础设施，省去了验证交易、节点维护等支出，而众筹得到的资金却是实打实的比特币。

第三个原因则是颠覆了竞争币的发行方式。以往的做法基本上都是另起炉灶，另外发行一个新币（区块链），而依附于比特币区块链发行的新币因各种原因往往只是昙花一现，只要比特币区块链仍在运行，这种资产便可存在。

第四个原因是引起了社区对于区块链膨胀（bloating）的担忧。比特币核心开发人员因此将 op_return（比特币的交易格式）交易的容纳字节数从 80 减至 40。

众筹结束后，威利茨成立了一个基金会专门对这笔资金进行管理，用于资助项目的开发营销等。随后万事达币开始在论坛内小范围交易，因其协议艰涩难懂，也缺乏配套的软件应用等，大多数交易网站都未能开通此币的交易。

2013 年末至 2014 年初比特币泡沫时，每 1 枚万事达币的交易价格曾达到 184 美元，相对于参与众筹者的 1 美元成本而言，在半年不到的时间里浮动盈利达到惊人的 184 倍！随后万事达币的价格一路下滑，到 2016 年 9 月，万事达币的价格已经回落至 5 美元左右。

2014 年 4 月，去中心化互联网项目 Maidsafe 利用 Mastercoin 协议开始众筹，受到空前热捧。额度在数小时内售罄，该项目也筹得了约 550 万美元的资金。这也是第一个利用奥妙币协议进行加密数字资产发行和管理的项目。

2015 年 3 月，万事达币更名为奥妙币，目标是成为一个去中心化的区块链协议平台。

合约币协议

2014 年 1 月 2 日，亚当·克雷伦斯坦（Adam Krellenstein）发布了合约币（Counterparty）项目，项目之初没有任何白皮书，只是论坛上的一个帖子。曾有传言说，亚当原本一腔热血想要加入万事达币项目开发，被拒后愤而自立门户，这才有了合约币项目。

除了基于比特币区块链这一特点之外，合约币项目还使用了一种前所未有的代币生成手段，称为"燃烧证明（proof-of-burn）"，即把比特币发送到一个黑洞地址 1CounterpartyXXXXXXXXXXXXXXXUWLpVr 上（黑洞地址是指符合比特币地址编码规则，但却无人掌握其私钥的地址，发送到这个地址的比特币就像进入了黑洞，从此以后就退出了流通领域）。兑换基准是 1 枚比特币兑换 1 000 枚合约币，越早参与，额外的早鸟奖励越多。燃烧持续了 1 个月，2014 年 2 月 2 日结束时，共有 2 125.63 枚比特币被销毁，按照当时每枚比特币约 850 美元的价格，大约相当于 180 万美元被扔进了黑洞。

合约币协议发布时，声称已经实现了以下功能。

- 发送资产。发送的对象可以是 XCP 币或者用户自己创建的资产。
- 创建用户自定义资产。发行用户自定义的货币或者资产，而且可以支付股息。
- 分布式交易平台。与别人交易 XCP、BTC 或者任何形式的资产。
- 广播信息。给系统提供信息。
- 博彩或衍生品。可以用于下注，或者创建不同的合约。

彩色币协议

通过仔细跟踪一些特定比特币的来龙去脉，可以将它们与其他的比特币区分开来，这些特定比特币就叫作彩色币（colored coin）。由于区块链环环相扣和不可逆的特性，在某一时点进入特定地址的比特币，是可以被跟踪的。你可以把它理解为一条一旦被染色后，就无法改变颜色，可以无限延长的丝带，只要你戴上一个特制的眼镜（区块浏览器），就可以在众多看似相同的交易中发现它。

2012年9月7日，亚历克斯·米兹拉希（Alex Mizrahi）在论坛上以 Killerstorm 账号第一次发布了彩色币的相关设想。2012年12月4日，曼尼·罗森费尔德（Meni Rosenfeld）发布了10页的关于彩色币的一些概述，2013年11月6日，彩色币白皮书2.0版本发布，作者中有约尼·阿西亚（Yoni Assia）、曼尼·罗森费尔德以及以太坊的创始人维塔立克·布特林（Vitalik Buterin）等人。2015年，Lykke 公司获得种子轮投资，总部位于苏黎世，创始人为理查德·奥尔森（Richard Olsen），该公司旨在建立基于彩色币技术的全球数字资产市场，并且推出了相应的 App。这是第一个基于彩色币协议进行开发，Lykke 公司也在2016年9月开始了众筹活动，目标金额为150万瑞士法郎。2016年9月，据亚历克斯·米兹拉希透露，目前应用彩色币协议的公司有 LHV 和 Funderbeam，但单纯的彩色币协议已经不是重点，他们现在试图通过开发一些更复杂的产品组合，如彩色币+智能合约的产品，来扩大生态圈的应用。但他也承认其他彩色币系列的产品如开放资产（Open Assets）、Colu 及 CoinSpark/MultiChain 等进展缓慢。

与上述两种奥妙币及合约币不同的是，彩色币并没有进行任何的众筹活动，也没有发行任何的代币。

Coinprism 是彩色币的一个主要应用，采用了开放资产协议，允许所有用户通过其钱包创建、发行和交易基于比特币区块链发行的代币。能够被"代币化"（Tokenization）的可以是股票、商品、债券、贵金属、智能资产及法币等。

奥妙币、合约币及彩色币三种协议的比较

表5-1、表5-2及表5-3分别是奥妙币、合约币及彩色币三种基于比特币区块链的资产协议特点、客户端及协议功能对比表（略有增删，也可能与目前最新情况有偏差，仅供参考）。

表 5-1　奥妙币、合约币及彩色币三种资产协议特点的比较

协议特点			
	彩色币	合约币	奥妙币
协议名称	开放式资产协议（Open Assets）	合约币协议（Counterparty Protocol）	奥妙币协议（Omni Layer Protocol）
共识	彩色币共识	全局共识	全局共识
架构	模块式（相关应用以插件形式使用）	整体架构（需要修改协议来添加新功能）	整体架构（需要修改协议来添加新功能）
使用比特币区块链	√	√	√
使用代币	×	√	√
开源情况	√	√	√
是否有协议白皮书	√	×	√
白皮书页数	7 页	无	51 页
协议是否修改	不修改	定期修改	定期修改
客户端	Openassets python module	Counterpartyd	omnicore
测试覆盖面	99%	54%	n/a
共识协议的关键代码行数	529	8 744	未知
独立开发客户端数量	3	1	1
使用已被证明可修改的交易类型	√	×	×
搭载元数据交易类型	EP0BC 协议/op_return 交易	op_return 交易	op_return 交易
编程语言	Python，Java，Go	Python，JavaScript	
软件执照	MIT	MIT	MIT
主要开发者	Flavien Charlon，Rotem Lev，Amos Meiri	Robby Dermody，Adam Krellenstein，Ouziel Slama，Evan Wggnor	J R Willett，Maran Hidskes，David Johnston，Ron Gross，Marv Schneider

（续表）

协议特点			
	彩色币	合约币	奥妙币
协议名称	开放式资产协议（Open Assets）	合约币协议（Counterparty Protocol）	奥妙币协议（Omni Layer Protocol）
防止资产丢失	√	√	√
官方网站	http://coloredcoins.org/	http://counterparty.io/	http://www.omnilayer.org/

参考来源：http://features.coinprism.com/

表 5-2　奥妙币、合约币及彩色币三种协议的客户端比较

各协议的客户端比较			
页钱包			
	彩色币	合约币	奥妙币
名称	Coinprism	Counterwallet	Omniwallet
发送资产	√	√	√
创建资产	√	√	√
主流浏览器支持	√	×	×
双重验证	√	×	×
电子邮件形式的客户支持	√	√	√
冷存储	√	√	√
BIP 32	×	√	×
国际化程度	×	√	×
发送至多重签名地址	√	×	√
是否开源	X	√	√
移动版钱包			
原生安卓钱包	√	×	×
其他平台	×	×	×
开源	√	n/a	n/a

（续表）

各协议的客户端比较			
页钱包			
	彩色币	合约币	奥妙币
桌面客户端			
名称	Colorcore	Counterpartyd	Mastercore
支持命令行	√	√	√
RPC API	√	√	√
GUI	×	×	√
开源	√	√	√

表 5-3　奥妙币、合约币及彩色币三种资产协议的功能比较

协议功能			
	彩色币	合约币	奥妙币
比特币原子交易/资产对资产/资产 Swap	√	×	×
单一交易中发送多种资产	√	×	×
发送资产到多地址	√	×	×
资产可分割性	小数点后 0 至 18 位	小数点后 0 至 8 位	小数点后 0 至 8 位
区块链重组（reorci）的适应性	√	×	×
防止滥用资产名称	√	√	×
真实性证明	√	×	×
创建资产成本	比特币交易手续费	比特币交易手续费	比特币交易手续费

（续表）

	协议功能		
	彩色币	合约币	奥妙币
转移资产成本	比特币交易手续费	比特币交易手续费	比特币交易手续费
资产能否绑定合约	√	×	×
支持资产个性图标	√	×	×
分红	√	√	√
投票	√	√	×
锁定资产	×	√	×
资产可否赎回	√	√	×
是否兼容去中心化交易所	√	√	√
正常运行的去中心化交易所	×	√	√
去中心化交易所仅支持比特币	√	√	√
兼容微支付通道	√	×	×
简化支付验证SPV	√	×	×
未确认交易支持	√	×	×
其他非资产相关的功能	×	√	√
使用该协议的主要资产		LTBcoin，Storj	Tether USD，Maidsafe

交易平台

我们在介绍数字货币交易平台之前,先梳理一下数字加密资产交易发生的几件大事。

2011年2月25日,爱尔兰人詹姆斯·麦卡锡(James McCarthy,其论坛ID为Nefario)宣布启动比特币股票交易所(Global Bitcoin Stock Exchange,GLBSE)的开发,并通过Ubitex网站筹集到了开发所需的资金。2011年4月,第一个比特币股票交易平台比特币股票交易所上线运行。

2012年8月7日,毕业于中科大少年班的蒋信予(其论坛ID为friedcat,烤猫矿机生产团队创始人)主导的比特币挖矿ASIC芯片项目在比特币股票交易所进行了首次公开募股(IPO),以0.1比特币/股的价格售出163 962股,约占其40万总股本的41%。

2012年9月24日,美国证券交易委员会宣布调查在比特币股票交易所上的一支比特币信托基金——BTCST(Bitcoin Saving Trust),案件涉及约70万枚比特币。

2012年10月8日,比特币股票交易所宣布因监管风险永久关闭,并退还客户资金。受此消息影响,比特币价格从12.9美元重挫至10.65美元,跌幅接近20%。

2012年12月,美国人伊森·伯恩赛德(Ethan Burnside)运营的仅接受比特币交易的比特汇(BTCT)上线,并迅速成长为当时交易量最大的比特币证券交易所。

2013年6月5日,烤猫股票每股的周分红达到历史峰值:0.03814687枚比特币,其来源为自采矿及硬件销售。当时,其自有算力占据全网 20% 以上。

2013 年 10 月，比特汇退还了客户资金，已发行股份转移到其他平台。

2013 年 12 月，BitFunder 迫于监管压力，宣布关站，但无力归还用户资金。

2016 年 4 月，上线四年的 MPEx 平台宣布关站，回购股份。

2016 年 7 月，比特币储蓄信用基金庞氏骗局始作俑者美国人特雷顿·谢弗（Trendon Shavers）被判 18 个月有期徒刑，外加 3 年监外看管和 120 万美元的罚金。

比特币股票交易所

根据 2012 年 9 月份在 YouTube 上面的一个访谈视频显示，比特币股票交易所的创始人詹姆斯·麦卡锡曾在 Sun Microsystems 公司（已被甲骨文公司收购）任工程师一职，后来他在裁员潮中下岗，随后他和妻子来到中国。詹姆斯自称在 2009 年 6 月接触到比特币并开始挖矿，两台旧电脑一个星期给他带来了 1 000 枚比特币的收入。但当时比特币在中国没有任何作用，于是他就忘记了这回事，直到 2010 年 12 月份再次想起来比特币的时候，他的操作系统已经重装。幸运的是他备份了钱包，于是找回了这些比特币。

当时詹姆斯·麦卡锡在中国的某所大学里担任英语老师。2011 年 2 月，他在任教的三个班级了启动了一个实验：让学生们组成一家比特币公司，每家公司有 2 枚比特币的启动资金；到了期末，每家公司需要在账面上拥有 8 枚比特币；CEO 和 CFO 拥有生杀大权，这个作业的成绩会占期末总分的 35%。他也坦言，学生要做到这一点很难，因为学生里面拥有电脑的人实在太少，而知道比特币、愿意用比特币支付的人就更少了。

他并没有透露实验结果，但他对于比特币的应用和推广充满热情展露无遗。

他研究了腾讯的 Q 币，并且热切地向人介绍 Q 币的无所不能，可以兑换表情、头像等，他试图把这些应用也通过比特币得以实现。

为了赚钱，詹姆斯·麦卡锡在论坛里开展了汇兑业务，他想把手里的比特币卖出，换成人民币，但是他又不想全部卖掉，而是保留部分比特币，于是他开始询问如何买到比特币。刚开始，他只是想当一个掮客而已。詹姆斯·麦卡锡还热衷于钻研 TOR、iP2P 等各种基于 P2P 的技术，比如做一个信用评价系统，或者是 P2P 的电邮。后来他又想做资讯网站，甚至悬赏 5 枚比特币召集优秀文章。2011 年 2 月，他终于在一个名为"比特币股票市场"的帖子里找到了方向。他热烈地参与了讨论，并觉察到了那时没有比特币股票交易市场这一空白。

比特币股票交易所于 2011 年 4 月上线，而当初为了开发这个网站，詹姆斯·麦卡锡通过 Ubitex 网站筹集了资金。当时的交易方式非常原始，用户通过 Ubitex 联系后，再面对面交易。詹姆斯·麦卡锡说："我启动比特币股票交易所时，它还只是一个实验性的小项目，很长一段时间里比特币股票交易所并不起眼。"

比特币股票交易所上线后，暴露出各种问题。曾有股票发行人发帖披露，他们试图卖出股票时，却发现很多买单并不存在。但这并没有引起大家的注意。后来比特币股票交易所发布了 2.0 版本，与第一版人们使用比特币私钥来验证身份不同，这一次改版使用的是传统的用户名/密码系统，同时用户也可自愿选择身份认证。詹姆斯·麦卡锡做出这个选择的背后，其实已经显露了他对于合法运营的担心。否则一向痴迷于个人隐私、暗网的他，何苦做出这样的一个设计。

尽管有种种不便，比特币股票交易所还是迅速成长了起来。其中的项目鱼龙混杂，褒贬不一。根据烤猫团队统计的数据，当时比特币股票交易所上的数字资产的市值不断增长。

而烤猫团队也发起了一个称为MU的基金，在比特币股票交易所购入资产，获得分红通过买卖股份获利（见表5-4和表5-5）。

表5-4　　　　　　　比特币股票交易所资产市值变化

MU指数	4月25日	5月4日	5月13日	5月25日
1 000比特币	30.85	40.02	44.11	60.32
1 000美元	157.87	203.72	218.94	309.31

数据来源：Bitcointalk

表5-5　　　　　　　2012年GLBSE部分资产列表

名称	TyGrr-Bot	PureMining	GigaMining	Cognitive	FPGA.contract	BFLS	BMMO	SS	MU
类别	长期债券	永久债券	永久债券	股票	股票	股票	股票	股票	股票
行业	套利	挖矿	挖矿	挖矿	挖矿	挖矿	挖矿	基金	基金
流通数量	7122	10000	5000	5000	6000	2000	6620	610	3000
收盘价	1.110BTC	0.370BTC	1.490BTC	0.580BTC	0.440BTC	1.100BTC	0.350BTC	1.500BTC	0.275BTC
（BTC）市值	7 905.42	3 700.00	7 450.00	2 900.00	2 640.00	2 200.00	2 317.00	915.00	825.00
（USD）市值	40 452.03	18 932.90	38 121.65	14 839.30	13 508.88	11 257.40	11 856.09	4 682.06	4 221.53

统计日期：2012年4月25日　1比特币=5.117美元

数据来源：Bitcointalk

与此同时，比特币股票交易所上面也孕育了一个惊天的庞氏骗局：论坛用户pirateat40在比特币股票交易所上发行了一个名为比特币储蓄信用基金，并承诺每周7%的利息返还。这个骗局看上去再明显不过，但还是有不少用户把手里的比特币投入到这个项目里。高息吸引下，这个骗局发展得很快，最高峰时每月收储达10万枚比特币以上。到了2012年8月份的时候，其交易量已经占据了整个比特币股票交易所平台的半壁江山。

不过随着币价上涨，其资金链开始断裂。2012年8月14日，运营者发出通告，称每周利息7%将下调至5%，希冀以此延长骗局的寿命，但这个举动反而引起了投资者的恐慌，纷纷提现。8月17日，pirateat40在论坛上留言称关闭基金的所有业务，还称会返还投资人的资金。8月28日，他声称违约，并从论坛上消失。

2013年，美国证券交易委员会发出调查报告，查明pirateat40真名为特雷顿·谢弗，是美国得克萨斯州人。特雷顿·谢弗在运营比特币股票交易所期间，许诺该信托基金将有7%的周回报，从2011年9月至2012年9月，整个骗局最终融资超70万枚比特币。其中用户提现507 148枚比特币；他将至少150 649枚比特币转移至自己在交易所的账户，交易记录显示，他的短线交易都是亏损的。尽管如此，特雷顿·谢弗还是通过出售86 202枚比特币获得了164 758美元的收益，其中147 102美元被提取到他的个人账户，用于支付个人消费、房屋租金、水电费及网上赌博等。2014年11月，特雷顿·谢弗被捕并受到应有的处罚。

目前，全球算力占比领先的比特币矿池——鱼池f2pool的合伙人曾经自述了当时在比特币股票交易所上交易的体验：

> 大约2012年4月底至5月初，我发现了一家叫比特币股票交易所的交易平台，在上面可以以比特币交易股份和债券。当时有几个人在比特币股票交易所上做比特币信托基金的代理，比特币信托基金承诺存币每天的利息为1%，但是不能随便注册，虽然很多人说比特币储蓄信用基金是骗局，

但是经不住高息的诱惑，开始在比特币股票交易所上购买比特币储蓄信用基金的代理债券。这些债券每周发行一轮，发行价一般是 1 枚币，5 周以后以 1.35 币回购。这样一直做了 3 个月，直到 8 月份比特币暴涨到 15.4 美元，导致比特币信托基金无法应对挤兑而跑路，但是因为我买的是比特币股票交易所上的债券，并不是直接存币到比特币信托基金，当听到比特币信托基金跑路的消息后，立即把手中的债券以 0.8 BTC 在比特币股票交易所上抛售，然后 0.2 BTC 买回，0.5 BTC 再抛售，趁乱做了几个波段，最后算下来反而赚了 800 多枚比特币。

随着网站交易量和曝光度的不断增加，作为比特币股票交易所主人的詹姆斯·麦卡锡也变得更加忧心忡忡。

2012 年 9 月 16 日，詹姆斯·麦卡锡在参加伦敦的一个比特币爱好者集会中称："如果英国监管不允许比特币股票交易所运营，那我们就搬到其他地方好了，比如说中国的香港特别行政区或者新加坡。"

但是当他开始听取律师的专业建议之后，他的态度完全改变了。

2012 年 10 月 8 日，詹姆斯·麦卡锡宣布永久关闭比特币股票交易所的运营。他在接受英国《连线》杂志采访时称，关站的原因主要与洗钱、税收、监管政策带来的风险有关。

比特币股票交易所倒下了，但其不断增长的用户群和成交量揭示了这一应用的巨大潜力。烤猫团队利用比特币进行融资，并且成为一时的矿力霸主，证明了利用比特币进行融资，获得项目启动资金，并高速成长的可能性。不过，烤猫股票的大放异彩却是在比特汇上（BTCT）。

比特汇

2012年8月，美国加利福尼亚州资深程序员伊森·伯希德（Ethan Burside）开发的比特汇网站（BTCT.co）上线，定位为只接受比特币交易的股票证券交易所。而在此之前，他的另一个只接受莱特币的股票交易平台 LTC-Global（litecoinglobal.com）也已上线了。

2012年12月，为了谋求合法地位，比特汇公告称已经在中美洲小国伯利兹注册成立公司运营。

2013年2月18日，国内知名矿机厂商烤猫（ASICMiner）自挖矿地址收到第一笔收入。2月28日，烤猫股东收到第一笔分红，每股派息 0.023544 比特币。

2013年7月，在比特汇上烤猫股份上涨至 4.75 比特币/股。

2013年10月，伊森·伯希德宣布因监管压力而关闭比特汇。当时其上线资产总市值达到 101 240 枚比特币（当时价值约 1 200 万美元），日均成交量约为 2 900 枚比特币。

2014年12月，美国证券交易委员会发布针对比特汇和 LTC-Global 两个交易平台的调查报告，Ethan Burnside 与美国证券交易委员会达成和解，交纳了共约 68 000 美元罚金。根据美国证券交易委员会发布的报告，在比特汇运营期间，为 7 959 个注册用户撮合的交易数量达到 366 490 笔，与比特汇达成协议的股份发行人共有 69 个。而在 LTC-Global 平台上，2 655 个账户共完成了约 60 496 笔交易，发行人有 52 个。

比特汇已经实现的功能同样为后来者提供了可借鉴之处：

- 直接交易比特币为面值单位的数字资产；

- 交易的是数字资产期权；
- 显示的是所有资产的当前市场状态；
- 展现交易界面、期权界面、资产新闻、招股说明书、每个资产的分红历史和交易历史；
- 每个用户显示投资组合、选项、资产通知、交易历史和 DRIP 设置等；
- 能够拥有版主"等级"资产，包括向上/向下投票和公开可查看的评论；
- 用于客户记录下载的 JSON 和 CSV API；
- 交易 API（创建了几个第三方应用程序，如 BTCJAM 和手机应用程序）；
- 登录和/或交易时，支持谷歌身份验证器和 Yubikey 2FA 验证；
- 具有分红自动再投资功能；
- 具有资产发行人的股息计划；
- 能够安全地将资金发送到网站内的其他账户；
- 提供最大每日提款限额；
- 可以实时生成用户操作日志机及检查非法活动的审计日志；
- 有用于处理大额提款、跟踪客户活动和解决客户问题的管理后台。

真正让比特汇吸引全球目光的，除了 2013 年比特币的两次价格泡沫之外，还要感谢烤猫股票在其平台的财富效应。

能够按照年化股息率来考虑烤猫股份的合理性的，在圈内已属理性投资人了。烤猫股份如流星一般的闪亮而又短暂，在比特币股票市场上留下了太多的回忆。图 5-1 是烤猫 2013 年 2 月至 12 月周分红示意图。

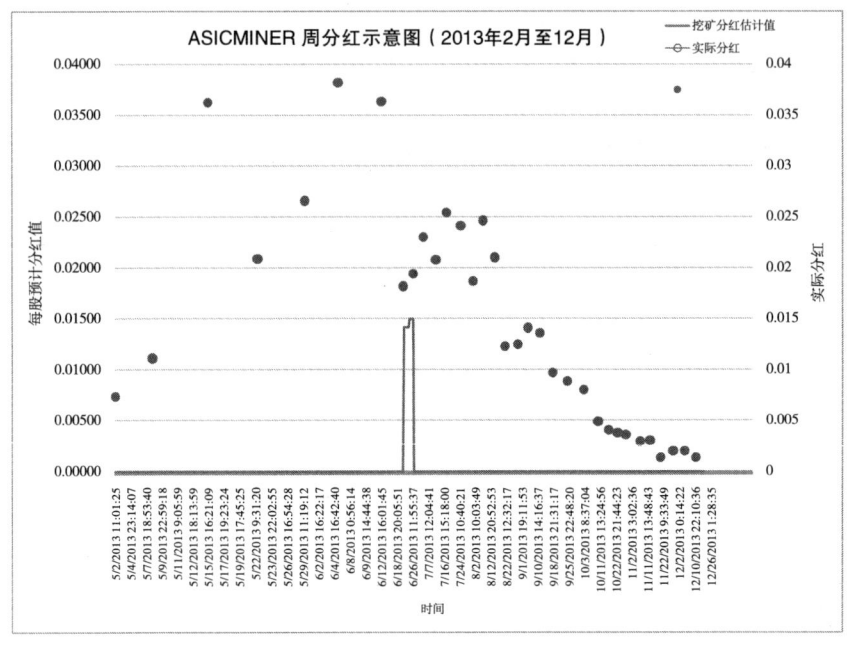

图 5-1　烤猫 2013 年 2 月至 12 月周分红示意图

来源：TAT ASICMiner

由于比特币挖矿芯片制造的技术和资金门槛较高，烤猫的成功也大大激发了模仿者的兴趣。其中最轰动的当属在比特汇上发生的 Labcoin 骗局。

2013 年 7 月 27 日，Labcoin 团队宣布将在比特汇上以 0.001btc/ 股的价格出售 700 万股，占全部股份的 70%，目标是筹得 7 000 枚比特币，约合 60 万~65 万美元的资金（当时比特币价格为 80~90 美元），用于开发 130nm 制程的比特币 ASIC 挖矿芯片，并为 65nm 制程芯片做准备，还公布了真假难辨的芯片设计图。其商业模式也完全照搬烤猫，生产出来的芯片除了部署于自营矿场外，还出售硬件矿机，纯利润将分红给股东。

这个项目吸睛的最重要原因在于,其年化预期回报率即使按照下限预测(占全网算力1%),也超过了100%。

由于烤猫团队的造富效应,这个被视为"烤猫第二"的项目一时间吸引了大量关注。2013年8月Labcoin开启IPO时,大量用户登录比特汇,服务器几乎宕机。7 000枚比特币的配额几乎是在几分钟内就被填满,后来不得不按比例配售,才稍稍平息了市场饥渴。

IPO结束没多久,比特汇就开放了Labcoin交易,伴随着市场近乎狂热的乐观情绪,其价格上升至0.004,成交量一度超过当时如日中天的烤猫股份。但到9月份时,因未如期兑现算力上限的承诺,行情开始冷却。Labcoin项目本身及幕后推手受到了越来越多的质疑。在市场抛售下,IPO的价格支撑迅速沦陷。并且在10月份比特汇关站时落入了低谷。

IPO前后频频公布消息的论坛ID陷入沉寂,但更多的用户开始发声揭露Labcoin是一个骗局。随着比特汇的下线,寻找相关责任人和取证也变得困难起来。时至今日,仍然有在这场IPO中损失惨重的投资者在寻求线索,将骗子绳之以法。但随着时间流逝,希望逐渐渺茫。

比特汇提前一个月发出了关闭通告,给所有用户预留了提现时间。但BitFunder的用户可就没有这么幸运了。

BitFunder

2012年12月,美国得克萨斯州人乔恩·蒙托(Jon Montroll)运营的比特币证券交易所BitFunder上线。其注册地位于澳大利亚珀斯,同时上线的还有比特币钱包网站WeExchange。用户须同时在两个网站注册,才能在BitFunder上进行交易。

2013年7月,BitFunder上线资产市值达到1 600万美元。但在成交量上，Bitfunder一直无法超越比特汇。

2013年10月，网站要求所有美国用户在12月1日前把资金撤出。网站上的资产股份全线暴跌。

2013年11月，BitFunder停止了交易，12月1号之前完成资产的转移，账户余额将转移到WeExchange。但糟糕的是，大部分用户报告无法通过WeExchange提现。

2013年12月，BitFunder及WeExchange下线。部分无法提现的用户开始了维权之路，但至今尚未有结果。

Havelockinvestments

2012年6月，由加拿大人詹姆斯·格兰特（James Grant）主导开发的Havelockinvestments悄悄上线，一开始这个网站只是几个比特币的早期接受者的一个支线项目。2013年的大部分时间里，在交易量上Havelockinvestments一直扮演着垫底的角色。然而转折点出现在2013年底，比特汇及BitFunder迫于监管压力被迫关闭后，Havelockinvestments就成了唯一的交易所，但注册地在加拿大的网站也面临着同样的监管压力，一时间该网站被关闭的传言和猜测满天飞。

2013年11月，詹姆斯·格兰特宣布Havelockinvestments网站出售给一家成立于2008年、持有合法证照的巴拿马私人投资公司——巴拿马集团公司（Panama Group，S.A.）。

2014年3月，全站共有19只股票/债券品种，全部市值约为63 000枚比特币左右。每月成交量不详，涉及行业除了传统的矿业股（如烤猫）外，还有从BitFunder转移过来的Neobee等。

2016年9月时，仅剩下12只资产，全部市值约5 000枚比特币左右。昔日明星烤猫股票也已经下架，仅剩一支 CFIG 强撑门面，但交易极少。

起了个大早，赶了个晚集，Havelockinvestments 运行至今，见证了市场的衰落。

MPEx

MPEx 的前身是罗马尼亚人米尔·波佩斯库（Mircea Popescu）于 2011 创立的 MPOe（Options Exchange），当时仅提供比特币期权交易。在 Beta 测试结束后，2012 年 2 月 MPOe 更名为 MPEx，交易品种新增了期货、股票、债券和基金。MPEx 交易所本身发行的 10 亿股也在上面交易。MPEx 在 2012 年的 3 月和 4 月各进行了一次公开股份转让，并在 2016 年 4 月关站时回购了所有股份。

按照网站上披露的信息，2012 年 3 月，MPEx 出让 100 万股，结果收到 90.85 枚比特币。4 月以 0.00002433 比特币/股售出 500 万股。这两次 IPO 的数量加权均价为 0.00003541 比特币/股。按此计算，当 4 年后这些股份以 0.00050000 比特币的价格回购时，其收益率达到惊人的 1 411.38%，而年度回报率达到约 194%。这只是以比特币计价的涨幅，还没有算上 4 年间比特币兑换美元的近 85 倍涨幅（2012 年 4 月比特币价格约为 5 美元，2016 年 4 月价格约为 425 美元）。当然，前提是当时参加了 IPO 的 14 名用户一直持有。

MPEx 自称是最安全的交易平台。自 2011 年上线以来，只有一次被黑事件，且没有实质损失。用户交易需要用 GPG 来发送交易指令，适合交易的熟手，而且注册用户需要交纳 30 枚比特币的费用，因此屏蔽了很多新人。网站界面虽然简陋，即使在比特币价格不断下跌的窗口期，其交易量仍不可小觑。2014 年 3 月 13 日前 30 天的交易量就达到了 26 000 枚比特币左右。

米尔·波佩斯库在 2016 年 4 月份的关站通告中披露，其累计分红达 21 416.43794706 枚比特币。

The Rock Trading

成立于 2007 年的 The Rock Trading，是总部位于地中海岛国马耳他的加密数字资产交易平台。该平台最开始交易的是林登元（Linden Dollar），林登元是林登实验室在 2003 年推出的网络游戏《第二人生》中的流通货币，玩家可将在这款游戏中赚到的虚拟林登元兑换为美元。

2011 年 6 月，投资者可以在 The Rock Trading 交易比特币、莱特币等区块链货币。

2013 年 7 月，意大利人安德里亚·摩德里（Andrea Medri）及戴维·巴别里（Davide Barbieri）在马耳他正式成立有限公司运营。

2014 年 3 月，有 8 个品种交易，其中 6 个以比特币交易，另外 2 个以林登元交易。

2016 年 10 月，该站只剩下 4 个证券类交易品种，而且成交稀少。

该交易所支持比特币、莱特币、瑞波币、点点币与欧元的交易对，主打是欧元交易，部分品种提供 1.5 至 5 倍的杠杆交易。在该站的交易手续费从 0.03% 至 0.5% 不等。从网站公布的交易量来看，2015 年的欧元交易量接近 6 600 万元，成绩不俗。

创新资产

根据 CoinMarketCap 在 2016 年 10 月 20 日的统计，目前市场上共有 644 种数字加密货币，72 种区块链资产，交易所达 2 363 个。而整体市值为 12 492 650 497 美元，24 小时交易量为 81 455 856 美元，其中比特币的市值比例为 80.6%。

所有数字加密货币都按市值进行了排名，排名第一的自然是比特币，但从图 5-2 可以看出，自 2013 年 11 月的高点 96.08% 至 2016 年 10 月的 80% 左右，比特币占有市值比例一直处于下降的通道。

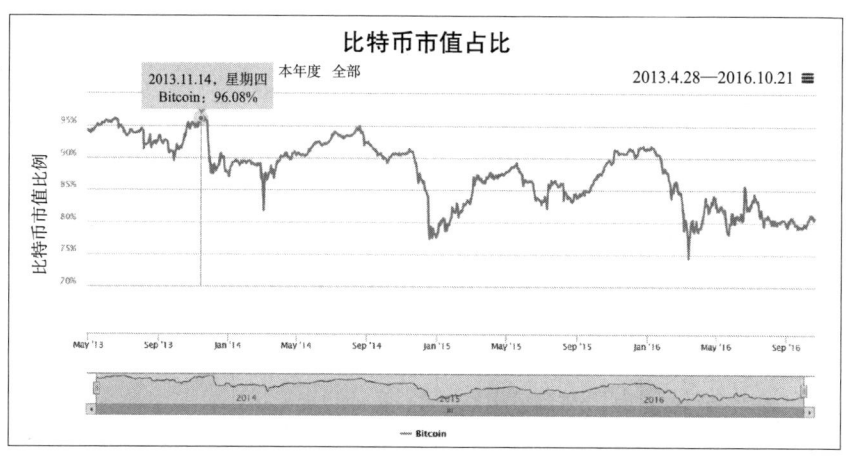

图 5-2　2013 年 11 月至 2016 年 10 月比特币市值占比不断下降

数据来源：coinmarketcap

这当中除了新的币种涌现之外，依托于区块链发行的数字加密资产的不断增加也是一个重要的因素。

接下来介绍几种资产，我们在选择时主要考虑创新性、影响力、成交量及总市值这几个方面。

Bitfinex 代币：创新债转股方案

2016 年 8 月 2 日，成交量领先的香港比特币交易平台 Bitfinex 宣布，由于网站出现安全漏洞，导致用户多达 119 756 枚比特币被盗，总价值约为 7500 万美元，暂时关闭比特币交易以及提现业务。消息一出，引发全球市场的比特币恐慌性抛售，继 6 天连续下跌后，比特币交易价格从最高 4043 元人民币下跌至最低 3005 元人民币，单日跌幅一度超过 25%，创下 2016 年的单日最大跌幅。

2016 年 8 月 7 日，这家公司发布公告称，Bitfinex 平台将在 24~48 小时内重新上线运营，并且其所有用户将平摊这次损失的 36.067%，此外，该交易所还将发行一种代币，以此作为"欠条"。也就是说，Bitfinex 的所有用户都将"贡献"出自己超过三分之一的数字货币资产来补贴被攻击的账户。Bitfinex 将等额发放 BFX 代币来记录每个用户的损失。假设用户在被盗之前的账户余额为 100 美元，之后用户登录将看到自己的账户中可以提取的美元余额变成了 64 美元，同时账户中多出了 36 枚 BFX 代币。这些代币可以在 Bitfinex 上继续交易。

关于 BFX 代币，有如下的说明：

- 从理论上讲，BFX 代币的单价等于 1 美元；
- BFX 代币将在交易所内交易，实际价格由市场决定；同时，BFX 代币本身的交易也能够产生交易手续费；
- Bitfinex 将继续运营，并以 1 美元的价格回购 BFX 代币。

这一方案在加密货币社区引起了诸多争议：一是即使未受攻击影响的用户（虽然现在很难分辨谁受到了影响谁没有受到影响）也要因此损失部分资产；二是方案的合法性受到质疑。但也有人认为，这个方案是当前最合适的，使 Bitfinex 得以继续运营，通过交易手续费来偿还用户损失。假如交易所倒闭了，就像把生蛋的母鸡杀了，大家的损失只能通过清算部分挽回。

8 月 22 日，Bitfinex 宣布与比特币股权众筹网站 BnkToTheFuture 合作，发行两个特殊目的载体（SPV），其中一个 SPV 是债权人可使用该交易所发行的数字资产 BFX 代币来兑换 iFinex 公司（Bitfinex 母公司）的实益权益。另一个 SPV 是由投资者 Alistair Milne 组织的 BFX 信托。目前，非美国的 Bitfinex 用户也可使用这种方式将 1 BFX 代币兑换成 1 美元价值的 iFinex 股份。

这实质上是一种资产证券化操作。发行 SPV[①] 的主要目的在于将代币合法化，使其平台的美国用户也能接受这一符合当地法律的处理方案。

2016 年 9 月 1 日，Bitfinex 公告称已经赎回了 1.1812% 的代币，资金返回代币持有人账户。2016 年 9 月 30 日，公告赎回 1.3152% BFX 代币。

2017 年 4 月 3 月日，Bitfinex 停止了 BFX 代币的交易，并宣布按 1 美元的价格赎回了全部 BFX 代币，至此 BFX 代币完成了使命。

BFX 代币引发了诸多的思考。据统计，比特币交易因为失窃而倒闭的事件不断发生。2014 年 2 月，当时全球最大的比特币交易所 Mt.Gox 声称被盗 744 408 枚比特币而导致网站关闭并申请破产，用户至今还在追讨资金，但希望渺茫。Bitfinex 的"债转币"方案升级为"债转股"，BFX 代币从方案到快速实施，其登记和转移利用了比特币区块链的奥妙币协议，使用和维护成本极低。网站避免了破产关闭的命运，短时间内安抚了用户的情绪，债务代币化的做法提供了部分流动性，也为类似危机事件提供了一个创新的解决思路。但有部分用户

---

① Special Purpose Vehicle，简称 SPV。在证券行业，SPV 指特殊目的的载体，也称为特殊目的机构/公司，其职能是在离岸资产证券化过程中，购买、包装证券化资产和以此为基础发行资产化证券，向国外投资者融资，接受发起人的资产组合，并发行以此为支持的证券的特殊实体。SPV 的原始概念来自于中国墙（China Wall）的风险隔离设计，它的设计主要为了达到"破产隔离"的目的。

担心，交易所是否会黑箱操作、自导自演从而侵吞用户资产。

无论 BFX 代币是被贴上"金融创新"或是"潘多拉之盒"的标签，都无碍于它在区块链资产市场中占有一席之地。

泰达币：币值稳定的竞争币

1973 年，布雷顿森林体系解体之后，美元剪断了美元与黄金之间的价值锚定，实物锚的时代宣布终结，而美元则凭借雄厚国力成长为信用锚的标的物。美联储在实行货币政策之前，也会制定一个名义锚，相当于通货膨胀或是货币供给的名义变量，能够让货币政策都围绕这个名义锚来实行，从而实现物价稳定的目标，让整体经济不会失去控制。

稳定数字加密货币（Stable Coin）也称锚定货币（Pegged Currency），这个概念最早是在 2014 年提出的。2014 年 9 月出现了的泰达币（TetherUSD）就是锚定货币。

2014 年 11 月下旬，注册地为马恩岛和我国香港的公司 Realcoin 改名为泰达（Tether）。当时比特币期货交易量最大交易平台 Bitfinex 宣布支持泰达币交易。随后，竞争币交易平台 P 网（Poloniex）交易所也支持泰达币。P 网凭着以太币强势崛起，在竞争币交易平台中隐有龙头之势，也顺带提携了泰达币的交易量。

泰达币的发行和交易使用的是奥妙币协议，而奥妙币可以说是市面上第一个基于比特币区块链的 2.0 币种，所以泰达币的交易确认等参数是与比特币一致的。

根据泰达公司的首席技术官及联合创始人克雷格·塞拉斯（Craig Sellars）称，用户可以通过环球同业银行金融电信协会电汇美元至泰达公司提供的银行账户，或通过 Bitfinex 交易所换取泰达币。赎回美元时，反向操作即可。用户也可在上述两个网站用比特币换取 USDT。其网站宣称严格遵守 1∶1 的准备金保证，即每发行 1 枚泰达币代币，其银行账户都会有 1 美元的资金保障。在合规方面，所有涉及法币的操作，都要求用户完成反洗钱及用户实名认证。当被问及用户如何验证银行账户保证金时，克雷格·塞拉斯称法币由泰达公司保管，并有定期审计，但目前用户还不能直接查询保证金。

但让人有些不安的是，泰达公司发行的的 USDT 的供应量一直在增加，而公众无法验证这些增加的供应量背后是否有真实的美元存款存在。根据 CoinMarketCap 网站的数据显示，泰达币的流通数量在 2016 年 8 月 12 日有少量减少，不知这是否意味着有泰达币持有人将其兑换成美元，从而减少了流通量。

TheDAO 代币：DAO 可盗，非常道

2016 年 4 月 30 日，TheDAO 合约在以太坊区块链上被成功创建，地址为 0xbb9bc244d798123fde783fcc1c72d3bb8c189413。

5 月 15 日，TheDAO 众筹已达 1.02 亿美元，同时代币 1 枚以太币兑换 100 枚 TheDAO 代币的平价阶段结束。接下来连续 10 天，每天涨价 0.05 币，最后稳定在 1.5 以太币兑换 100 枚 The DAO 代币的阶段，持续 4 天。这些规则都已经提前写入合约代码，自动执行，无需人工干预。

5 月 28 日，超过 11 000 名参与者投入了约 1200 万枚以太币，这大概是当时以太坊流通总数的 15%，当时价值约 1.3 亿美元。后来由于以太币价格上涨，总市值上涨至 1.6 亿美元，成功超越电子游戏星际公民（Star Citizen），成为历史上金额最大的众筹项目。

社区欢呼雀跃，并对这个项目的后续发展寄予厚望。而不少项目

提案（Proposals）也不断形成，社区与开发人员开始对这些项目展开热议。形势不是小好，而是一片大好。

好景不长，在2016年6月17日3时34分48秒，从区块高度#1 718 497开始，以太坊区块链上出现了大量的重复交易，每笔交易都一模一样：258.05656476枚以太币从TheDAO地址被提取到另一个合约地址。这样的交易直到区块高度#1 720 245才完全停止，在不到8个小时的时间里，不知疲倦的智能合约创建了14 112笔这样的交易，3 641 694枚以太币易手。

这是一次有预谋的攻击，TheDAO的资金池被黑客利用代码漏洞窃取了大量资金。事件导致以太币及TheDAO代币的价格暴跌。

6月18日，以太坊创始人维塔立克（Vitalik）在提议进行一次软分叉：不会有回滚，不会有任何交易或者区块被撤销。软分叉的作用是从区块高度#1 760 000开始，不承认任何与The DAO和child DAO相关的交易，以此阻止攻击者在27天之后提走被盗的以太币。但由于软分叉代码存在漏洞，可能导致DoS（拒绝服务）攻击，软分叉被迫取消。

6月19日，自称攻击者的黑客通过网络匿名访谈宣布，会通过智能合约的形式奖励不支持软分叉的矿工100万枚以太币和100枚比特币，来对抗以太坊基金会提议的软分叉。

6月22日，白帽黑客开展代号名为"罗宾汉"的交易行为，将余下的以太币转移到安全的子合约（Child DAO）中。随后黑帽黑客再次攻击子合约，但未能得逞。

7月20日，以太坊区块链在区块高度#1 920 000实施硬分叉。意料不到的是，原链得到部分矿工的支持，继续打包出块，并以

Ethereum Classic 的名字继续交易。

9月5日，TheDAO 交易对从 Poloniex 交易所下架。曾经风光一时的 TheDAO 项目宣告结束。

被忽略掉的警告

6月5日，智能合约语言 Solidity 的作者克里斯蒂安·瑞特维森纳（Christian Reitwiessner）发现了可能导致智能合约被攻击的漏洞。

6月9日，皮特·维斯尼斯（Peter Vessenes）在以太坊官方博客上发表了文章，描述了克里斯蒂安的发现，提醒大家注意这个问题。

6月11日，以太坊上另外一个项目 MakerDAO 发现自己的合约中存在同样的问题，通过自黑的方式，把他们的资金转移到了另一个安全的多重签名地址。

6月12日，Eththrowa 宣布在 TheDAO 代码中发现了同样的漏洞。TheDAO 开发团队迅速完成了补丁，但代码的部署则需要2周的投票时间才能完成。

正当开发团队推进投票进程时，另一个他们没有发现的漏洞在6月17日被黑客利用，并发动了攻击。

软分叉和硬分叉的努力

由于黑客将资金转移到了子合约地址中，他需要等待28天才能再次动用这些资金。于是社区开发团队的时间变得非常紧迫，他们需要在7月25日之前想出一个解决方案，阻止黑客将以太币从子 DAO 地址中转移。方案实施的路径无外乎软分叉和硬分叉两种。

一开始专家们提出了软分叉的解决方案，在多数矿工的支持下，部署在了两个用户群最广的客户端即 Geth 和 Parity 上面。但随后有人发现补丁包含 DoS 漏洞，因此这个软分叉方案被迫中止。

最后留给开发团队只有一个选择：硬分叉，这样才能把资金退还给原有的投资人。在听取社区意见后，最后的硬分叉方案确定：把所有 TheDAO 内的以太币转移到一个简单提取（simple withdraw）合约地址内，所有 TheDAO 代币持有人都可以用 1∶100 的比例取回以太币。

由于硬分叉解决方案争议巨大，社区内部的反对声音也没有停止过，这也为后来的 Ethereum Classic 的复活埋下了伏笔。为了获取用户的投票意见，当时用户在打开以太坊钱包时，会跳出一个选择框：你是否支持硬分叉？

7 月 20 日，即区块高度 #1 920 000 时，在多数矿工及节点的支持下，硬分叉得以顺利实施。但令人意料不到的事情发生了，本应该被舍弃掉的旧链得到了一部分矿工和用户的支持，以 Ethereum Classic 的名称继续存在，并且得到了不少交易所的支持。

事件争议和反思

6 月 20 日，安信证券撰写的《TheDAO 事件的相关解读：区块链在创造一个什么样的世界》一文指出："TheDAO 事件对于整个区块链主题的投资仅有情绪影响，其本质上并不存在追回损失的技术障碍。我们乐观地将其看待为一次危机预演。大家普遍争论的焦点在于，对黑客攻击造成的不公平交易是否予以取消（内容正义），是否应该去通过分叉的形式去追回损失（程序正义）。"

之所以有上述的争议，是因为人为地取消交易，意味着区块链系统所秉持的去中心化理念在一定程度上受到了冲击，而软分叉有点类似于"黑客手法"，如果此先河一开，未来怎样避免区块链系统的开发维护者利用自身的专业技术优势获利而忽略或损害公平及公共利益?

6月20日,ChinaLedger联盟就TheDAO被攻击事件发表《TheDAO被攻击事件考察报告》一文。文中最后总结了如下几点。

- 区块链上的纠错机制,目前为止似乎只有软分叉和硬分叉两种。但围绕纠错分叉的一系列决策流程尚未建立,还需要继续研究。
- 区块链上的原生货币及派生的代币直接关系到金钱、信用、所有权、认证、资产、控制权等,远比互联网承载的信息更有价值,一旦发生错误带来的损失影响深远。
- 在目前区块链技术发展的早期阶段,不应该在没有稳定健壮的底层技术基础上直接去做应用。

8月24日,Slock公司的首席技术官及联合创始人之一的克里斯托夫·詹斯(Christoph Jentzsch)发文总结了TheDAO事件的几点收获。

- 智能合约发展仍处于早期,其安全性能会随着时间而提升。
- 对未知保持敬畏。
- 事件促进了以太坊合约验证工具的发展。
- 在一个去中心化生态系统里,需要建立一个监管和投票机制。
- 循序渐进才是正道。
- 简单才坚固。663行代码里出现漏洞的机会很多。

支持者说分叉预案能让开发者暂时冻结DAO的资金,使其在取回之前处于安全状态,保证了投资者的利益不受损害。而反对者认为,分叉预案完全违背了项目宣称的"代码即法律"的原则,用一个分支项目的利益绑架了整个以太坊社区,违背以太坊项目去中心化的保证。也有人说以太坊开发团队急于进行分叉是因为个人利益,他们也投资了DAO,想早点挽回损失了。

用利益来解读人们的行为，往往会忽略掉一些基本的事实。比如说我们的监管还无法跟上急速发展的科技进步；技术极客们的情怀等。深究 TheDAO 事件，可能有人看到的是技术问题，也有人看到的是区块链生态圈内的政治和权益博弈。目前我们还没有看到搭建于区块链之上的一个成功的去中心化自治社区模型，大部分人都只看到眼前的利益蛋糕，忘记了出发时的初衷。

Storj 去中心化云存储

2014 年 4 月，Storj 项目赢得得克萨斯州比特币会议的黑客马拉松奖，获得了 BitAngles 基金 25 万美元投资。随后项目成员肖恩·威尔金森（Shawn Wilkinson）、汤姆·波什夫斯基（Tome Boshevski）和乔士·布兰多夫（Josh Brandof）正式公布了一个以区块链服务为后台，高效的分布式云存储平台——Storj。

按照他们的设想，Storj 提供端到端加密，用户无需借助第三方或者中心服务器就能进行安全的数据传输和分享，其核心技术基于比特币的区块链技术和 P2P 网络协议。基于区块链的去中心化特性，可以让开发者安全、永久、低成本地存储数据，并将记录分散在许多节点上。而在安全性方面，区块链方案意味着用个人密钥将分解后的文件加密存储于网络节点中，而在调用时文件的恢复过程也是加密的。

在这个系统里，数字货币 Storjcoin 代币扮演着重要的角色。用户通过一个分布式网络平台自由存储和删除数据，其存储空间由"农民"提供。如果免费空间不能满足自己的需求，可以通过 Storjcoin 代币来购买额外的空间。而社区里的"农民"通过出租空闲磁盘，获得 Storjcoin 代币的激励。Storjcoin 代币通过合约币 XCP 协议发行和流通。截至 2016 年 10 月，市面上流通量为 50 468 144 枚，每枚价格约为 0.15 美元（约 0.0002 比特币）。

2014年7月，该项目进行了众筹，项目受到的关注不多，最后仅募得910枚比特币。按照当时460美元的价格计算，相当于42万美元。拟定Storjcoin代币总量的15%归开发者，15%归社区，70%众筹发行。

2015年，Storj开始陆陆续续发布测试版客户端，并不断更新。参与测试的用户需要购买10 000枚Storjcoin代币才能参与。

2016年4月，Storj发布了Beta版客户端，并宣布加入了微软的Azure服务。不得不说，这是一个很好的愿景，但也存在不少问题，比如说目前如果试用，需要一定IT技术背景，面对普通用户其易用性和使用体验并不好；另外Storjcoin代币作为系统内的流通货币，如何解决其波动性问题，用户如果储存非法内容怎么处理？与此同时，项目还面临着市面上其他基于区块链的云存储项目如Maidsafe、Siacoin的竞争。而Megaupload创始人、著名网络黑客金达康（Kim Dotcom）也宣布在2017年发布基于区块链技术的云存储项目——Bitcache。

基于以太坊的数字资产

2014年，以太坊基金会成立，注册地为瑞士，定位为一个非营利性的组织。2015年获得世界科技大奖的加拿大裔俄罗斯神童维塔立克·布特林作为创始人担任首席科学家，主导项目的开发。

以太坊项目在2014年7月22日开始了为期42天的众筹，投资者只需发送比特币到地址36PrZ1KHYMpqSyAQXSG8VwbUiq2EogxLo2就可参与。为了激励用户尽早参与，众筹期间的前14天兑换比例为1∶2 000，然后兑换价格线性提升，最后一天将会上升至1∶1 337。基金会声明在众筹期间就有权利使用最多5 000枚比特币的资金来加速开发。众筹并没有设置上限，9月2日众筹结束时共筹集到了31 529枚比特币。以当时的比特币市场价计算，约值1 840万美元。按照事后的统计，共售出 60 099 765 枚以太坊代币，众筹期间获取 1 枚以太坊代币的平均成本约为 0.3 美元。

2015 年 8 月至年底，以太坊价格稳定在 1~1.5 美元的区间，较众筹时价格已经有 3 倍以上的涨幅。但让人始料不及的是，从 2016 年年初开始，以太坊价格就开始了一轮波澜壮阔的大行情，在 5 月中旬最高曾到达 0.033 比特币，按比特币当时价格（440 美元）换算约为 15 美元。较众筹价格上涨 50 倍。

2015 年 7 月，在众筹一年之后，以太坊区块链的创世块被创建，里面包含了众筹的 6 000 万枚以太币及开发基金等 1 200 万枚以太币，总数达到 7 200 万枚以太币。以太坊区块链运行的第一阶段被称为 Frontier，这个阶段类似于公开测试，为开发者及利益相关方提供一个接近真实应用的开发环境，提升安全水平，分发代币，进一步聚拢社区人气和开发者。

众筹为开发者提供了充足的资金，同时开源的项目也吸引了全球开发者的目光，使得开发团队能够同时用 Golang、C++、Python 等多种编程语言进行软件开发，某种程度上也是实现开发团队的去中心化。同时以太坊软件节点也可以运行在 Windows、Linux、Mac OSX 等多种操作系统上，实现了良好的跨平台兼容性。

2016 年 3 月，从第 1 150 000 个区块开始，以太坊进入 Homestead 阶段。这一阶段相当于正式商用，各种围绕以太坊开发的项目大量涌现。根据 ethercasts 网站的统计，目前有 298 个分布式应用程序（Dapps）项目已经被提交。

虽然项目众多，但并非所有项目都能顺利落地。以下是几个基于以太坊、总市值及成交量较大的几个资产。

Augur 众智预测平台

Augur 是一个去中心化的众智预测市场平台，基于以太坊区块链技术。用户可以用数字货币进行预测和下注，依靠大众的智慧来预判事件的发展结果，可以有效地消除对手方风险和服务器的中心化风险，同时发行代币 REP 作为整个生态圈的激励系统。

Augur 旨在通过众智预测技术来实现对现实事件的预判。在 2015 年 8 月至 10 月为期 45 天的 ICO 中，Augur 共筹集 18 639 枚比特币和 1 171 816 枚以太坊，所对应的资产是 1 100 万枚 Augur 代币。每枚代币成本约为 0.483 美元。凭借 532 万美元的众筹金额，Augur 成功挤入了全球前十大众筹项目。

2016 年 3 月，该平台发布了其应用的公测版本。

2016 年 10 月，Augur 代币在各主要交易平台上线，上市后其价格经历大幅波动，目前价格为 4.5 美元左右。在 Augur 之前，已经有 bitbet.us 及 predictious.com 网站接受比特币对一些公众事件进行投注，如 predictious.com 网站把可以投注的事件分为体育赛事、政治事件、经济预测、娱乐及科技五大类别。

遗憾的是，目前还没有在 Augur 平台上看到一个典型的事件预测合约。虽然 Augur 应用希望通过一个去中心化的众智平台来更好地对现实事件进行预测，但是投注与赌博之间的界限模糊，一旦被他人利用而成为非法牟利的工具，受到监管的压力就会很大。

DigixDAO 数字化黄金

DigixGlobal 是一个新加坡的分布式自治组织团队，其产品是基于以太坊区块链发行的代币，特点是代币由实物黄金背书。Digix 公司是一个将实物黄金资产代币化的平台，即把实物黄金的所有权放上以太坊区块链，人人都可验证。

2016年3月30日开启ICO，在14小时之内200万枚代币即售罄，募集的资金达到550万美元的募资上限，大大超出了原本50万美元的最低目标，资金热捧程度令人惊奇。

按照项目的设计，这个项目内会存在两种代币：一种是DGD币，每季度分红，其利润来源于DGX币产生的交易手续费；另一种是DGX币，1枚DGX币=1克黄金。因为DGX币的交易会收取0.13%的手续费，这些手续费将会成为DGD币的分红来源。而在项目ICO时，发行了200万枚DGD币，按照当时价格折算，每枚DGD币的成本约为2.75美元。而在2016年10月底时，其交易价格为11美元左右。

这个项目的主要风险在于成本高昂，而且交易量能否稳定提升得不到保证。另外由于历史上的E-gold、Liberty Reserve等组织发行的数字化黄金被人用于传销骗局，项目也会面临在各地开展运营的合规问题。

截至2016年10月，DGD持有人还没有收到过一次分红，原因在于DGX币并没有正式上线交易，无法产生交易手续费。

"第一滴血"：10分钟筹得550万美元

2016年5月，"第一滴血"（Firstblood）项目启动。"第一滴血"源于知名网络游戏Dota，当玩家成功干掉第一个敌人时就会出现相应的文字和语音提示。"第一滴血"团队中有创始人周楚豪（Joe Zhou）和马可·科斯塔（Marco Cuesta），此前他们曾共同创办了比特币期权平台Alt-Options。团队成员还有扎克·科伯恩（Zack Coburn），他是基于以太坊的应用Etheropt和Etherdelta的创始人。

2016年7月16日，在链上成功测试了Pre-alpha版本游戏——Trump Dice。

05 基于区块链数字货币的数字资产

2016年8月,发布了白皮书和众筹计划。

2016年9月26日,打造去中心化电竞平台的"第一滴血"开启众筹。

这次众筹只接受以太币支付,在"10分钟内"就达到了550万美元的筹资上限,共发行了79 103 203.39枚代码为"1ST"的代币,筹得465 312.999枚以太币。事后有人分析,这与项目方设置的"Power Hour"奖励有关。原计划28天完成的众筹,如果在最后一周参与,1枚以太币可以兑换100枚1ST代币,如果在项目发布的第一个小时内参与,兑换比例为1∶170。这么大的差距自然刺激了参与者提前准备,以便获得奖励。

实际上国内区块链资产交易所云币提前开始了预众筹,总计筹集了来自将近500名用户的3万枚以太币。由于智能合约的限制,最终只能投入近25万枚以太币,获得了42 499 983枚代币。"第一滴血"的这次众筹刷新了区块链领域众筹速度的纪录。

"第一滴血"团队通过使用以太坊区块链以及语言机(Oracles),将玩家的资金交由去中心化的智能合约来处理和结算,解决电竞中的纠纷问题。系统引入了去中心化的仲裁系统(DAMN)以及陪审团投票池(Jury Voting Pool,JVP)的概念。游戏的旁观者即见证人,会为陪审团(JVP)提供数据,让作弊者在这个生态系统中无处可逃。项目解决的痛点在于目前的电竞赏金系统没有保障,卷款跑路的玩家不在少数。利用区块链接上的智能合约平台来撮合比赛,选择赢家,收取保证金,利用群众的智慧来解决作弊和游戏纠纷,而且玩家可以利用虚拟化的代币来参加虚拟游戏的竞赛,整个过程无需信任第三方机构监管,也无需担心比赛结果以及资金纠纷,一切按照合同来处理。

众筹结束后的第三天,即2016年9月28日,云币交易所即上线了"第一滴血"的交易。采用传统形式发行的资产如果要上线交易平台，要做到这样的速度几乎是不可能的。但在这个案例中，由于资产登记、发行及权属转移等信息都记录在区块链上，交易、所有权转移、清算等各个环节被压缩到一步完成，大大提高了交易的效率。

区块链应用趋势

高盛公司在2016年的一份报告中称，区块链技术有望为资本市场的清算环节省下近20亿美元的成本。而全球知名咨询公司埃森哲回顾现有资本市场，认为区块链技术将大大缩短如公司债券、OTC衍生品、股权、银团贷款及私人债务工具等资本市场的清算时间，大部分交易会在24小时内完成清算，效率将得到极大提升（如图5-3所示）。

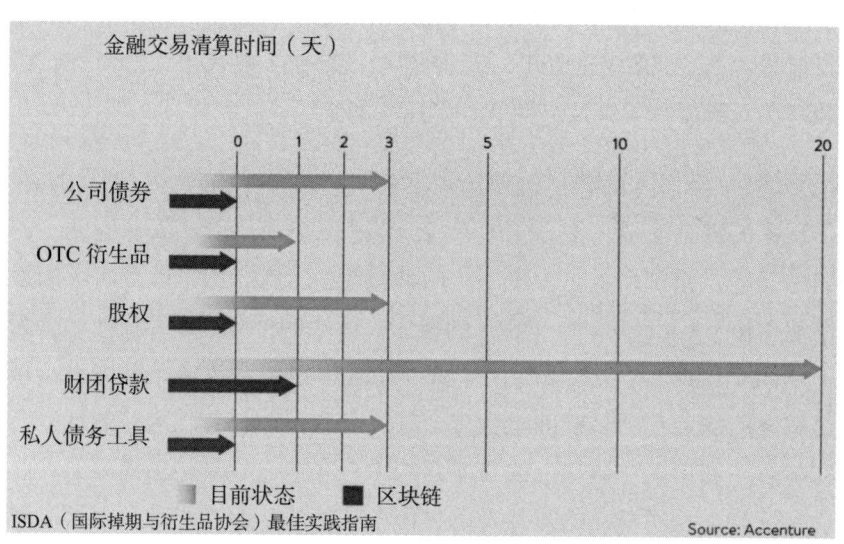

图5-3 区块链可大大缩短目前资本市场的清算时间

埃森哲同样预测，到了2025年，区块链将成为资本市场的主流

05 基于区块链数字货币的数字资产

应用（如图 5-4 所示）。

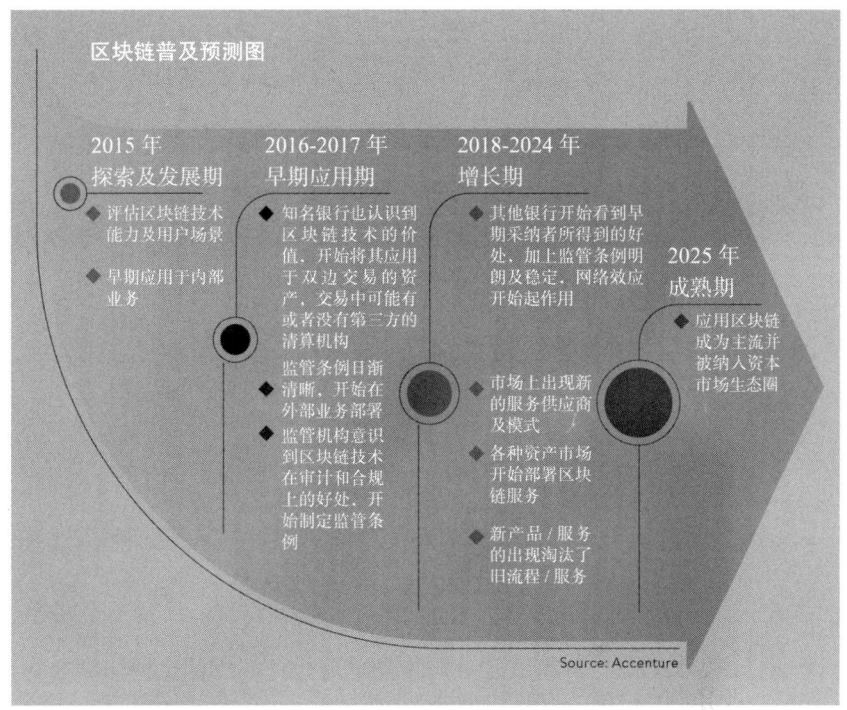

图 5-4　2025 年区块链将成为资本市场的主流应用

依据知名咨询公司埃森哲的预测，2016 年至 2017 年将是区块链流行早期，监管部门会意识到区块链在审计及合规方面的巨大潜力，开始研究和出台相关指导政策。2018 年至 2024 年之间将会迎来区块链应用的大爆发。一方面监管机构的政策和推广态度渐趋稳定明朗，另一方面先行者因应用区块链技术的获益得到验证，观望者会积极跟进部署，同时基于区块链技术的新型服务和模式也会产生，网络效应将席卷市场。2025 年，区块链技术将成为资本市场中的主流应用，并且成为生态系统中不可缺少的部分。

06

基于区块链数字货币的理财产品

随着数字货币的金融属性被不断发掘，基于数字货币的理财产品也不断涌现，本章将介绍一些理财产品的套利策略，以及如何使用程序化自动交易应用程序编程接口（Application Programming Interface，API），最后将会重点介绍利用数字货币进行众筹的获利机会。

平台间差价套利策略

由于数字资产是一种全球资产，交易所分布于世界各地，不同交易所之间的价格差可以为全球的投机者提供套利空间。当然，即使仅在国内不同交易所之间也会出现差价。例如，在 2016 年 5 月末的爆发行情中，火币网的价格比其他交易所的价格足足高了 200 元，几天后又换成 OKCoin 价格领先，如果操作得当，可以在低风险甚至接近零风险的情况下获得 10% 左右的利润。据了解，那次行情中有的专业套利者以 30 万元本金赚了 3 万元，虽然其绝对金额不多，但是考虑到投资周期，利润率还是远高于其他金融理财产品的。

差价套利的方式

套利方式大体上可以分现货间套利、期货间套利和期现套利三种。

现货间套利是指，同一时间在价格较低的平台买入现货，而在另一价格较高的平台卖出现货，交易完成后数字货币数量不变而人民币变多了，或者人民币持有量不变而数字货币数量变多了。

期货间套利是指同一时间在价格较低的合约上开仓做多，而在另一价格较高的合约上开仓做空，两个合约既可以在一家平台，也可以在不同的平台，押注在一定时间内（一般参考交割期）两价格收敛，这种方式并不是零风险的，但只要差价足够大，胜率是很高的。

期现套利类似于期货间套利，只是价格较低方是现货，也就是买入较便宜的现货，开仓做空高溢价的期货合约，押注在一定时间内两价格收敛。以近两年的实际情况来看，在有行情的日子里，期货价格比现货价格高一些是常态，开仓前需要耐心研究规律。

差价套利的成本和风险

差价套利并非没有成本，因此差价必须足够大才能行动。以现货间套利为例，成本主要来自于提现手续费，在提现人民币的时候，平台通常会收取不超过0.3%的手续费（以交易竞争币为主的比特时代高于此费率）。

再者，套利的盈利一般是以数字货币为单位计算的，如果现货的价格在下跌途中，有可能赚了数字货币，却亏了总市值。因此，一般参与套利的投资者，大多是长线看好数字货币的投资者。

除了成本，风险也是有的。现货套利其实还可再分同时交易和不同时交易两种。同时交易就好比我有 10 万元，A 站放 2.5 万元人民币和 2.5 万元市值的数字货币，B 站也放 2.5 万元人民币和 2.5 万元市值的数字货币，一旦差价足够大，两边同时交易，几乎没有时间差，利润可预见，但缺点是资金利用率低。不同时交易就是全仓买入价格较低方的现货，成交后立刻将数字货币发送到价格较高的平台，全部卖出，其风险在于时间差，提现往往需要 1 个小时甚至更长时间，在这个时间段内价格可能发生剧烈变化，从而有亏损的可能性；好处是资金利用率高且盈利是以人民币为单位计价的。

不过同时交易还有一种变体，就是根据经验赌一个平台的价格会高于另一平台的价格，比如预测 OKCoin 的价格会高于火币网，就可以在 OKCoin 放 5 万元市值的数字货币，在火币网上放 5 万元人民币，这样资金利用率可以提升一倍。但是预测错的话就会丧失机会。

还有一种变体可以连提现手续费都规避了，就是不提现，等差价减小或者差价倒挂的时候再换回来。例如，A 站比 B 站价格高 1%，就在 A 站卖出数字货币换人民币，B 站买入数字货币，等到 A 站和 B 站价格追平甚至 B 站比 A 站价格还高的时候，在 B 站卖出数字货币换回人民币，在 A 站则买入换数字货币。这样人民币和数字货币的数量会越来越多，而风险接近于零。

零风险虽然听起来很美好，但现实情况往往并没有这么简单。数字货币史上一直有一把高悬的剑，就是交易所风险。2016 年 8 月初，交易所 Bitfinex 遭黑客攻击，损失近 12 万枚比特币，而 Bitfinex 交易所事后决定损失金额由交易者承担，不少套利者都在那次事件中赔回去了，很多甚至亏到了本。关于如何尽可能规避交易所风险，请参考本书后面的"交易所风险"一节。

程序化自动交易应用程序编程接口

既然套利交易的触发条件是差价足够大，就没必要人工24小时守着电脑看行情，行情监控甚至交易下单完全可以交由计算机程序来做。

幸运的是，绝大多数交易所都提供了查询和交易的应用程序编程接口，通过这些接口可以实现自动化或半自动化的交易。下面列出了各平台应用程序编程接口，帮助文档，供量化交易方面的相关人士参考。

OKCoin 中国站：https://www.okcoin.cn/about/rest_getStarted.do；

OKCoin 国际站：https://www.okcoin.com/about/rest_getStarted.do；

火币网：https://github.com/huobiapi/API_Docs/wiki；

BTCC：https://www.btcc.com/apidocs；

云币：https://yunbi.com/documents/api/guide；

比特时代：http://www.btc38.com/help/document/2581.html；

中国比特币：https://www.chbtc.com/i/developer；

比特币交易网：http://www.btctrade.com/api.help.html；

HaoBTC：https://github.com/haobtc/API_Docs/wiki；

BitVC：https://www.bitvc.com/help/api；

Coinbase：https://developers.coinbase.com/；

Kraken：https://www.kraken.com/en-us/help/api；

Bitstamp：https://www.bitstamp.net/api/；

BTC-E：https://btc-e.com/api/3/docs。

除了以上这些官方应用程序编程接口外，还有一个网站包装了这些应用程序编程接口，并提供了交易策略的分发平台，其中既有收费的也有免费的，这个平台叫 BotVS，服务于量化交易者，网址是 https://www.botvs.com/。图 6-1 是 BotVS 的策略广场。

图 6-1　BotVS 的策略广场页面

该网站定位类似于 MetaTrader4、MetaTrader5，读者也可以发布自己的交易策略在上面出售。

数字货币产业的创业众筹

币众筹介绍

币众筹（Initial Coin Offerings，ICO），又可称为代币众筹，源自证券行业的 IPO 一词。IPO 完成后，该公司就变成了上市的公众公司。

类似地，ICO是数字货币社区独有的一种众筹融资模式，初创企业以项目内生的数字加密货币（内生代币）作为投资者回报的一种创业融资方式。

币众筹是一个新生事物。实际上ICO如此之新，以至于在写作此书时，维基百科上还没有ICO的相关词条。ICO其实也是一种"公开发行"，但跟IPO相比主要有以下三点差别。

一是ICO所发行的标的物从股份（证券）变成了数字货币。

二是ICO目前缺乏对应的证券法律监管，属于新生事物。投资者参与ICO，不需要在任何政府机构登记注册，投资者权利不受法律保护，有一定的风险。

三是如果发行方式采用比特币形式而非法币形式，则ICO可以做到全球化融资，即无论你在地球上哪个位置，只要你拥有比特币，都可以成为该项目的投资人。而证券行业的IPO则无法做到这一点。所有的IPO都有对应的国别、证券事务监管和投资者资格准入等限制。

一般来说，参加ICO的投资者，期待的是未来数字货币项目上线以后，其内生代币可以在数字货币交易所上线，投资者可以将ICO获得的代币在交易所里卖掉，实现投资收益并退出。当然，投资者也可以私下交易代币，不过这样的话很难确定代币的合理价格。

币众筹是近年发展起来的一种投资数字货币项目的新方式，十分受欢迎。初创团队可以快速地为项目筹集初始运营资金，而且整个ICO过程也会得到圈内外媒体的关注和报道，无形中为项目做了宣传。投资者也可以零门槛地参与自己喜欢的项目中去。毕竟，不是每个对数字货币感兴趣的人都有实力自己去开发一个全新的项目的。

目前来看，大部分ICO都以比特币或竞争币的方式募集，也有一些项目在众筹网站上以法币的形式募集资金,比如元界 ICO。

为了防范法律风险,大部分 ICO 项目会改头换面,称自己是"软件预售代币",或者采用"众筹""众售"或"募捐"一类的名字。有些 ICO 项目还发表免责声明,提前告知潜在投资者这并不是一次证券销售。至于各国的司法机关是否能将其与证券销售区分开来,还是未知数。因为迄今为止,还没有哪个 ICO 的数字货币项目最后闹到了法庭上。

币众筹的历史

数字货币历史上第一个 ICO 项目是万事达币,后来更名为 OMNI,它是在 Bitcointalk 论坛上发起众筹的。万事达币是建立在比特币区块链上的二代币,旨在帮助用户的创建和交易加密货币以及其他类型的智能合同。万事达币 ICO 发布于 2013 年 6 月,投资者可通过给 Exodus 地址发送比特币来购买 MSC,每一枚比特币兑换 100MSC,共募集 5 000 多枚比特币。根据 Coinmarketcap 网站的统计,奥妙币当前(2016 年 9 月)的市值约 274 万美元,一枚奥妙币的市价为 4.95 美元。

紧接着,在 2013 年 12 月,Bitcointalk 论坛上出现了第二个数字货币 ICO 项目——未来币(NXT),当时募集了 21 枚比特币,约合 6 000 美元。未来币 NXT 被认为是第二代数字货币,代码全新编写,以全新的 100% 股权证明(POS)设计代替工作量证明(POW),是首个 PoS 的区块链系统,避免了一代数字加密货币的很多缺陷,比如消耗能源、易受攻击等。1 分钟确认,10 亿总量。当时该项目对 ICO 投资者来说是很成功的,全盛时期(2014 年 1 月)NXT 的市值更是超过了 1 亿美元。NXT 也因此成为了投资者眼中最成功的 ICO 项目。根据 Coinmarketcap 网站的统计,当前市值约为 2 100 万美元,一枚

NXT市价为0.021美元。

自从见证了NXT的成功后，2013年年底到2014年年初涌现了大量的ICO项目。当时也正是数字货币的龙头老大比特币疯狂上涨的时期，可能很多人期望通过ICO能够复制像比特币的成功。不幸的是，大部分ICO项目都因开发管理不善、过度炒作或者诈骗而宣告失败。

另一个当时曾经在国内数字货币界引起热潮的ICO项目是Bitshares（比特股）。比特股的设计和架构比较复杂，其发展历程和市场表现也是一波三折，在国内外都引起了巨大的争议。当时曾号称是"二代币三剑客"之一（另外两个为NXT和CounterParty）。比特股是一个基于区块链的金融服务平台，支持包括虚拟货币、法币以及贵金属等有价值实物的开源、去中心化的交易所系统。任何个人和机构，无需授权，就可以自由地进行转账、借贷、交易、发行资产和智能货币、期货等，也可以基于这个平台快速搭建去中心化、低成本、高性能的虚拟币/股票/贵金属交易所、杠杆期货交易所、承兑网关、资产管理平台（众筹）等。简而言之，就是让每个人都成为交易所。2014年8月，比特股巅峰时期市值曾达8 600万美元。复杂的机制和价格炒作之后，比特股身上积累的信心崩溃，陷入了漫长的下跌趋势。根据Coinmarketcap网站的统计，比特股当前市值约为1 500万美元，一枚Bitshares市价为0.005美元。

其他一些比较有影响力的ICO项目包括共享币（MaidSafeCoin）、以太坊、NeuCoin（NEU）等。

MaidSafe公司成立于2006年，坐落在苏格兰特伦市，立志将互联网去中心化，已经在SAFE项目持续奋斗了8年（比比特币的时间还长）。2014年4月22日，共享币开始币众筹时原计划是30天，但由于投资者们认购太踊跃，实际上不到5个小时就一抢而空。此次众筹主要使用万事达币支付，融资额达到 600 万美元，其中 400 万美元认购来自万事达币，200 万美元认购来自比特币。此次众筹的 SafeCoin 权证的总量是 429 496 729 枚（占未来所有产出总量的 10%）。初始阶段使用代理币即共享币，此币记录在比特币的区块链中。当完整的 SAFE（Secure Access For Everyone）网络运行之后，再按 1∶1 的比例将 MaidSafeCoin 置换成 Safecoin。Safecoin 由 SAFE 网络创造并提供保护，致力于实现互联网的去中心化，并促进使用此网络的大量应用程序的开发，包括去中心化的云端存储，安全且无法被攻击的软件等。根据 Coinmarketcap 网站的统计，当前 MaidSafeCoin 市值约为 4 200 万美元，一枚 MaidSafeCoin 市价为 0.09 美元。

以太坊是数字货币史上最成功的 ICO 项目。2014 年 7 月，基于区块链的智能合约平台以太坊项目开始 ICO 众筹，其对应的平台内生代币为 Ether 以太币，简称 ETH。以太坊内置了一个比比特币功能更强大、图灵完备的脚本语言，支持众多的高级功能，比如发行货币、智能合约、去中心化交易和完全的去中心化自治组织等。以太坊的代币以太币是作为驱动建立在以太坊区块链上的智能合约运行的燃料而存在的。ICO 大获成功，以太坊最终筹得 31 529 枚比特币，按当时市价合 1 840 万美元。尽管上线日期一拖再拖，最后在天才少年维塔立克·布特森的带领下，Ethereum 项目还是成功了。目前，以太坊总市值接近 8 亿美元，成为市值仅次于比特币的数字货币项目。

币众筹的三种代币结构

随着数字货币众筹的发展，越来越复杂的代币结构被发明出来，包括应用代币（Appcoin）、权益代币（Equity Token）和债权代币（Debt Token）三类。

应用代币

应用代币是最常见、应用最广泛的 ICO 代币,也称为用户代币(User Token)。应用代币就是一个区块链内生的基本交易代币,当用户在该区块链经济体内进行交易时,需要消费这个代币,类似在游戏机房里要使用的游戏币的角色。应用代币包括比特币、以太币、莱特币、瑞波币,以及我国国内区块链项目元界(Metaverse)的熵(ETP)。

权益代币

权益代币是为了解决区块链项目的权益身份用的,可以理解为项目的股份。权益代币代表了区块链项目的所有权,因此有分红和投票等类似公司股份的功能。新加坡的区块链黄金交易平台 Digix 就是通过发行一种叫作 DGD 的权益代币来进行众筹的。DGD 是一项基于以太坊的资产,代表 DigixDAO 的股权,特点是代币由实物黄金背书。DGD 持有者将有权以投票的方式参与公司的决策,并且还会收到数字黄金 DGX 交易费中的一部分作为分红。在 2016 年 3 月 30 日,DigixDAO 面向全球投资者的公开 ICO 中,在 14 小时内募集到了 550 万美元,预期一个月的众售提前结束。国内的小蚁项目的小蚁股(Antshares)就是类似的权益代币。

债权代币

债权代币主要是用来解决区块链应用流动性不足的问题。比如,当一个区块链应用突然流行甚至火爆起来,短时间内大量新用户流入,这些新用户需要大量的应用代币来进行交易。但绝大多数的应用代币都在老用户的手里。这时,为了避免内生应用代币的价格剧烈波动,又禁止老用户大量抛售手中的应用代币(类似股票 IPO 后的大小非解禁),债权代币就应运而生。用户购买债券代币后,可以卖出,可以兑换应用代币,也可以将代币转移给其他人。而且,债权代币在持有过程中还可以获得一定的利息回报。目前从全球看，发行债券代币的例子就是 Steemit。它们的债权代币 Steem Backed Dollar（SBD）就可以用来兑换成它们的应用代币 STEEM。

当然，一个区块链应用不一定只使用一种代币。比特币、以太币、莱特币、瑞波币以及国内的元界只使用应用代币。国内的小蚁区块链项目、分布式文件服务 Sia 和区块链黄金交易所 DIgix 则使用了应用代币和权益代币双代币。Steemit 则拥有上述全部三种代币。

国内的 ICO 项目

2016 年我国国内的数字货币众筹项目主要有元界和小蚁。

2016 年 8 月 5 日，国内区块链项目元界 ICO 正式启动，由巴比特旗下币众筹网站负责募集，人民币认购。元界是一个基于区块链技术的去中心化协议，其服务框架结合了智能资产网络（S.P.web）、数字身份（D.I.）和价值中介（Oracle），由初夏虎带领的维优团队打造，以可信资产为基础，旨在提供一个开放的数字价值流转平台。截至 9 月 5 日 24 时，本次 ICO 共募集资金 1 474 万元人民币，远远超过成功基准线 1 000 万元，参与投资人 418 人。

2016 年 8 月 8 日，国内区块链项目小蚁区块链开始第二期的众筹，标的为小蚁区块链协议的权益代币小蚁股（Antshares），共 2 400 万股，以比特币认购，众筹现场是小蚁官网。小蚁是基于区块链技术，将实体世界的资产和权益进行数字化，通过点对点网络进行登记发行、转让交易、清算交割等金融业务的去中心化网络协议。小蚁可以被用于股权众筹、P2P 网贷、数字资产管理、智能合约等领域。通过将资产数字化，使得任意实体资产的财产权益变成可编程化，实现了原子级交易和实时交割。小蚁是开源系统，遵循 MIT 开源协议。如果你感兴趣，可以在 GitHub 上下载、复制或者修改衍生出新的版本。

早在 2015 年 10 月，小蚁曾完成了一期众筹，募得 2100 枚比特币。本次募集结束于 9 月 7 日，小蚁最终获得比特币 5 539 枚，折合人民币 2 200 多万元，参与者达到 1 360 人。

综上所述，数字货币界主要发布 ICO 项目的地方包括国际的论坛如 Bitcointalk，国内的论坛如巴比特的币众筹，也有不依赖第三方，直接在自己的项目官网开展 ICO 的，比如国内的小蚁股。随着 ICO 项目的增加，公布出来的官方帖子和资料也越来越丰富，一般至少包括项目的关键信息，比如白皮书、项目定位、战略目标、ICO 时间段及计划、项目发展思路与策略、源码发布及上线安排、开发团队介绍、项目特色、投资者权益保障以及其他相关的 ICO 细节。

投资者如要想参与某一数字货币 ICO 项目，应事先做好充分的研究功课。数字货币众筹蕴涵的风险较大，投资之前一定要再三斟酌。

07

区块链数字货币投资风险

由于数字货币这一新兴事物发展速度日新月异，监管的缺位和滞后使得这一技术也成了某些不法分子圈钱的工具。技术是新的，但人性没有变化。

投资陷阱

区块链技术虽然靠谱，但这并不代表与其沾边儿的投资都是靠谱的，市场上不乏打着"比特币""虚拟货币"旗号骗钱的项目。如果你所接触的项目有以下特征，请注意规避。

• 宣称高额收益的币。数字货币完全是市场自由定价，不可能承诺回报，每时每刻都有可能涨，也有可能跌，凡是宣称、承诺高额回报率的数字货币，都可认为是陷阱。

• 招募会员有提成，如拉一个会员提成多少。这个特性和数字货币毫无关系，是传销特有的运作模式。但凡有这类运作模式的项目，请远离。

- 提现限制。虽然主流的数字资产交易所也会有每日提现额度限制，但这主要是对反洗钱政策的响应，如果交易者的身份能够实名认证，大部分交易所是可以解除限制或提高上限的。但假如某小众数字货币交易所说提现额度只有 5% 等，那就要小心了，有很大可能是会卷钱逃跑的。

- 与上市公司有合作。有的数字货币宣称和上市公司合作，但是主流的数字货币几乎没有一个是和上市公司有合作关系的，因为主流数字货币多为公有区块链，本身就是基于去中心化理念运营的。虽然不能说和上市公司合作的数字货币就一定是骗局，但投资者如果想参与，务必对相关公司进行详尽的资质调查；否则，还是远离为好。

那是不是以上特征一个都没有的数字货币就一定安全呢？当然不是。市面上还有很多所谓的数字资产挂着"区块链"的名义招摇撞骗。下面我们再增加几条。

- 没有"钱包"的所谓的数字货币。如果一种数字货币的余额只能靠登录对方网站才能查看，没有客户端，那该数字货币和区块链几乎不可能有关系。

- 即便有客户端，但是所有客户端版本都没有"同步"这个过程的，那一定是和区块链无关的数字货币。以比特币为例，如果是第三方制作的"轻钱包"，没有同步过程是正常的，这是为了方便用户使用。但是官方的钱包，是要同步几天甚至几周才能正常使用的，这是区块链的工作原理决定的。所以，假如某种数字货币，即便有客户端，但是所有的客户端版本都是不用同步的，那它十有八九也是打着区块链的名义的骗钱项目。

- 即便某个数字货币的确是基于区块链的数字货币，客户端和比特币官方的客户端也差不多，要同步后才能使用，也不代表这种数字货币不会跑路。由于比特币是开源的，改动少量代码即可制作一款山寨币，请人代做只需要几千元钱。

判断一种区块链数字货币能不能长久存在主要看以下几个数据。

•节点数，即全球有多少计算机运行该区块链的节点，至少需要有上百个节点才能认为它是被市场广泛接受的。

•算力（如果挖矿方式是 POW 的话），也叫哈希率，算力要大并且稳定；否则，一旦被"51 攻击"或难度攻击，该数字货币就有终止的危险。

•是否有足够多的交易所可以交易该品种，就是和法币之间的汇兑是否方便，如果世界上只有一个交易所可以交易该种数字货币，建议不要购买。

储存风险

如果投资者是计算机爱好者的话，可以考虑将投资的数字货币存放在自己的电脑上，这样即使交易所被盗、卷款逃跑或破产也不会使你的权益受损。

但是自己保管比特币也是有利有弊的，这主要在于如果操作不慎，同样会导致数字货币丢失。而在成熟的交易所里，数字资产是由具备专业知识的人员保管的，除非发生诚信危机，否则其安全性还是非常高的。

假如投资者选择自己保管数字货币，请务必了解下面所讲的技术陷阱（以 Bitcoin Core 这款软件为例，但即使不是 Bitcoin Core 有些原理也是相通的），这些陷阱都来自真实的案例。

技术陷阱一：没有及时备份或备份错了钱包文件

很多人意识到重装系统时需要备份比特币的钱包，不过遗憾的是有部分人备份错了文件，如把比特币客户端的程序文件（C:\Program Files\Bitcoin）备份了下来，而钱包文件却没有备份，结果装完系统发现币没了。其实，比特币的钱包文件默认路径在以下的文件夹里。

~/.bitcoin/（Linux 下）；

~/Library/Application Support/Bitcoin/（MacOSX 下）；

C:\Documents and Settings\YourUserName\Application data\Bitcoin\（Windows XP 下）；

C:\Users\YourUserName\Appdata\Roaming\Bitcoin\（Windows vista / Windows 7/ Windows 8 / Windows 10 下）。

文件名是 wallet.dat（如图 7-1 所示），在这个目录下还有比特币的区块链数据文件，目前应该有上百 GB 了，如果希望重装完系统后不必重新同步的话，可以把这个 Bitcoin 目录整体备份下来。

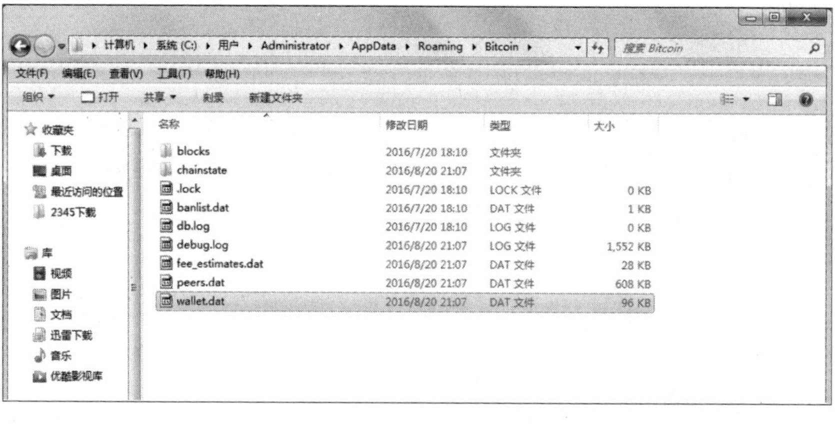

图 7-1　Windows7 下 Bitcoin Core 默认的钱包、区块链和设置的保存位置界面

当然，更简单的备份钱包方法是用客户端自带的"备份钱包"功能，效果等同于拷贝出"wallet.dat"文件，该选项在"文件"菜单下

（如图 7-2 所示）。

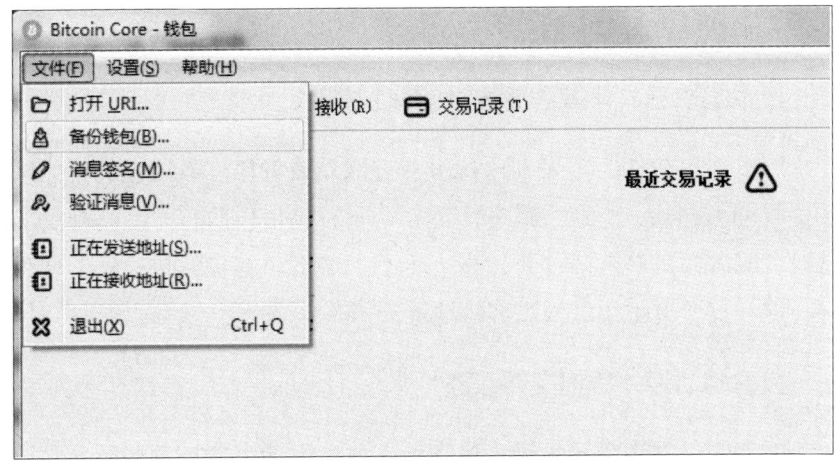

图 7-2　Bitcoin Core 文件菜单界面

在恢复钱包的时候，需要关闭软件，再将该文件覆盖回原来的位置，覆盖时需注意被覆盖的钱包文件里有没有币。

假如忘了备份钱包系统却已经重装了怎么办？建议的做法是立刻停用这台电脑，去找能够修复数据的技术人员恢复被删的数据，如果是刚刚装完，找回来的可能性还是非常大的。

技术陷阱二：忘了密码

忘记密码真的是问题吗？为何不能用自己常用的 6 位银行卡密码？事实上，这么做是有安全隐患的：银行卡密码在输错几次后会被锁住，依赖穷举法破解是不可能的。但是在 Bitcoin Core 这类软件中，6 位密码和没设密码仅一墙之隔。要想防止暴力破解，至少需要 15 位密码，个人觉得密码还是越长越好；但是太长了又容易忘，毕竟比特币客户端只有在发送的时候才需要输入密码，如果几个月不发送比特币，没有复习密码，到时候有可能真的忘记密码了。长期囤币的朋友们千万别犯这个错误，要不把密码记在不容易找到的纸上或电脑文件里，要不就经常复习密码。

技术陷阱三：下载到篡改过的钱包软件

下载钱包软件一定要到比特币官方网站或者第三方钱包的官方网站。有能力的话，下载后最好能比较一下校验值以防官方网站被黑客篡改。篡改过的钱包软件可以嵌入木马，或者黑客在钱包文件上做手脚，误导投资者把币汇入黑客的地址。

技术陷阱四：钱包文件被盗

钱包文件被盗是最常见、最隐蔽、危害性最大的技术陷阱。之所以说最隐蔽，是因为投资者本人都不知道钱包文件是什么时候被盗的、是怎么被盗的。钱包文件被盗本质上属于私钥被盗，很多比特币代管网站和交易平台都中过招，更不要说普通投资者了。

钱包被盗有以下几种可能：

- wallet.dat 被木马盗取且没设置密码；
- wallet.dat 被木马盗取，设置密码了，但密码过于简单被暴力破解了；
- 没有感染木马，自己把钱包上传到了网上，密码被暴力破解了；
- 私钥被明文暴露过（如 blockchain.info 的用户通过电子邮件导出私钥），或导入/导出私钥的时候被木马获取；
- 私钥正好被人碰撞到。发生这种情况的概率小到可以忽略，一般发生这种事是由于钱包软件的随机数产生器有问题。

要确保钱包安全，理论上只要确保两点：一是保证没有木马；二是保证私钥不主动外泄。确保前者只要一台比特币专用的电脑就行了，除了官方客户端和防护软件外，不需要安装其他什么软件；确保后者也不难，就是在导出文件前对钱包文件进行 RAR 打包并设置密码（用别的加密软件也可以），密码要在 15 位以上。

如果发现钱包文件被盗，害怕钱包密码被暴力破解怎么办？修改密码是不是就可以呢？我们需要认识到，勤改钱包密码并不能有效地保护比特币。这是因为钱包密码不是保存在区块链（服务器）中的。对区块链来说，谁拥有了私钥，谁就有处置这些比特币的全部权限，私钥和地址一一对应，修改不了。而你的密码仅仅是用来加密钱包中的私钥的，设计初衷是为了阻止黑客拿到钱包文件后立刻取得私钥，并支取里面的比特币。如果钱包被盗，你设置的密码过于简单（或不设密码），无论事后你怎么修改密码，对于防范黑客来说于事无补。所以说，安装完客户端后或重新生成钱包文件后，第一件事就应该是设置密码。如果想彻底改掉以前的密码，应该把比特币发到新钱包的新地址上。

如果比特币被盗了，鉴于区块链具有不可更改的特性，且比特币至今从未发生过为了追回赃款而采取硬分叉手段的先例，通过技术手段是无法追回已经获得确认的比特币打款的。若想追回已经被盗的比特币，相对可行的方案是想办法找到实施者，通过公关、法律等手段要求对方退回。假如无法找到确切的实施者，追回的难度就非常大。目前，除了以太坊的 DAO 案例外没有其他案例可借鉴了。当然还有一种情况，就是你的比特币交由平台托管，平台被盗后会自掏腰包弥补损失，但这完全取决于平台的实力和信誉了。

流动性风险

对于投资者来说，流动性风险就是在对市场价格不造成太大冲击的前提下，你可能无法快速地将持有的投资资产卖掉变现为现金（法币形式）。简单地说，你想买入或者卖出的时候，发现买不到或者卖不掉。

流动性风险可以分解为买卖价差、市场深度及市场和品种特性三种。

买卖价差

买卖价差就是在交易所公开叫价系统中，最高的买价和最低的卖价之间的差额。

在一个公开叫价系统中，会存在从高到低的一系列的报价。除非买入价与卖出价相同，否则这些报价不会成交。因此，面对这样的叫价系统，每一个买家若要尽快买到该交易品种，就必须在下单时报出至少跟最低卖价相等的买入价格，以期望成交在当前市场最好（最低）的卖出价格。同理，如果这个卖家想要尽快卖出该交易品种，则必须在下单时报出至少跟最高买家相等的卖出价格，以期望成交在当前市场最好（最高）的买入价格。因此，理论上说，如果交易者在买入之后迅速卖出该资产，账面净损失就是当前最高买入价格和最低卖出价格之差，在股票、债券、商品和外汇交易中，这一概念也非常重要。

图 7-3 所示是国内交易所 OKCoin 的比特币价差为 1.00 元的合并报价。

明显看出，OKCin 的比特币交易的买卖价差小，市场容量较好，能够轻易承接数十万元级别的买卖单，而不造成较大的冲击。

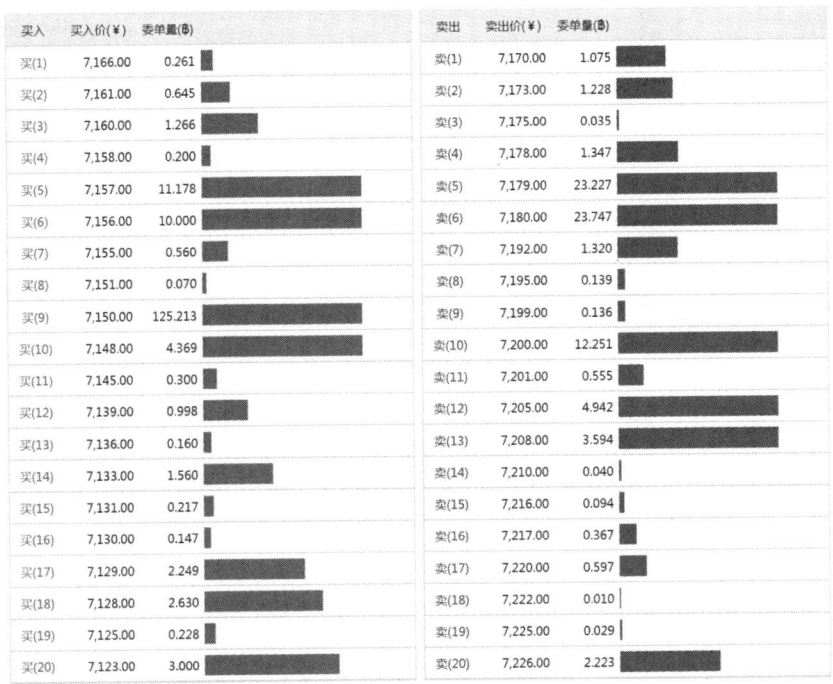

图 7-3　OKCoin 比特币价差为 1.00 元的合并报价

市场深度

市场深度是指交易所报价中每一价位的所有报单量（即可成交量）。单一价位报单量越大，表明市场深度越好，可以承接交易的金额也就越高。如果报单量较小，表明市场深度较差，或市场很"薄"，很容易被击穿。

图 7-4 是国内交易所比特儿的比特币交易界面，因比特币交易不是其战略重点，除了比特币交易的买卖价差较大外，其市场深度也远远不如 OKCoin，只能承接几千元的交易。

卖单				买单			
卖出价	数量(BTC)	总计(CNY)		买入价	数量(BTC)	总计(CNY)	
8000.00	1.557	12459.88		7985.00	0.010	79.85	
8005.03	0.001	8.00		7970.00	0.092	733.24	
8030.99	0.020	160.62		7965.10	0.100	796.51	
8031.00	0.020	160.62		7965.07	0.092	732.79	
8034.99	0.003	24.10		7965.05	0.092	732.78	
8035.00	0.979	7866.27		7956.00	0.042	334.15	
8040.00	0.080	643.20		7955.01	0.156	1240.98	
8060.00	0.017	138.63		7955.00	4.259	33876.37	
8080.00	0.001	8.08		7935.00	0.213	1690.16	

图 7-4 比特儿的比特币交易界面

市场和品种特性

市场本身和品种自身的特性也会影响到流动性，比如债券到期、新股上市或退市等。

例如，交易所新上线的品种前几个月的交易量必然比较大，对应的流动性会非常好，根源在于人们总是喜新厌旧。随着价格逐渐稳定，交易活跃度下降，流动性也回归正常。再比如，有些交易所为了鼓励投资者挂单，会承诺给予挂单成交者一定的手续费优惠或者返佣，这样会吸引更多投资者为市场提供流动性，增加买卖价差和市场深度，从而降低该品种的流动性风险，增强其对其他投资者的吸引力。一个品种的流动性也不是时刻稳定保持在一个水准的，比如暴涨暴跌时，长期横盘时的流动性状况，白天、晚上和凌晨都会有很大不同。还有些投资品种有强烈的时间概念，比如期权和期货，那么在临近到期的那几天，合约的价格波动性会远大于平时的状况，也会影响市场的流动性状况。

上面的分析仅仅是针对在交易所上线、随时都有公开报价的资产。然而，有些资产根本就没在交易所交易，不存在可供参考的公开报价，其流动性风险更是投资者首先要注意的问题。本书前几章介绍了跟数字资产有关的多种资产形式，除了数字货币之外，大部分资产都没有在交易所上市（比如众筹 ICO 的资产），因此，这些资产，并不是投资者想卖就能随时卖得掉的。

最后，关于流动性风险，我们最想对投资者分享的一句话是"没有风险，就没有收益"。但这并不是说，某个资产流动性风险大，我们就要回避它。投资者应仔细考量投资的流动性风险，不应将其作为唯一的考量因素。

交易所风险

如果我们选择在某一交易所买卖数字货币，就不得不关心交易所可能带来的风险。

需要指出的是，投资者应该将交易所与数字货币本身区分开来。交易所是数字货币与法币兑换的交易中介机构，与数字货币本身没有关联，是独立的、中心化的经营实体。交易所被盗或倒闭，并不意味着某种数字货币本身有安全问题。实际上，从 2009 年比特币诞生以来，全球发生了几十起交易所被盗和倒闭事件。但均未影响到比特币的健康发展，今天比特币已成为世界上算力最高、运行时间最长、市值最大也最安全的数字货币。

从目前来看，交易所的风险主要在于，客户资产被盗、交易所关闭、交易所临时暂停交易或关闭提现的风险。历史上发生了两件较为重大的数字货币交易所事件：一是 2014 年当时全球最大的比特币交易所 Mt.Gox 被盗和倒闭事件，二是 2016 年发生在我国香港特别行政区的 Bitfinex 交易所被盗事件。

Mt.Gox 倒闭事件

2014 年 2 月，当时全球最大的比特币交易所 Mt.Gox 声称被黑客盗走 85 万枚比特币，宣布破产。从此比特币价格进入一个相当长的熊市。

Mt.Gox 是一家总部位于日本东京的比特币交易所，由杰德·麦凯莱布（Jed McCaleb）于 2010 年 7 月创立，2011 年 3 月杰德·麦凯莱布卖给了日本的 Tibanne Co.，后者于 2011 年 3 月 6 日又出售给了马克·卡普勒斯（Mark Karpelès）。在交易高峰期，该交易所处理的比特币交易量占所有比特币交易所的 80%。

2014 年 2 月初，交易平台遭到网络攻击后，比特币疑遭窃取。Mt.Gox 的一名律师说，在该平台交易的比特币几乎全部不翼而飞。2 月 7 日，Mt.Gox 曾临时停止比特币提取业务，引发交易混乱和用户不满。

2014 年 2 月 25 日午间起事态进一步恶化，用户发现已无法登录 Mt.Gox 交易平台。随后，网站首页贴出"告顾客书"，称为保护用户和交易平台，将暂停所有交易，关闭其网站。消息传出后，比特币应声暴跌。在网站关闭之前，比特币交易者们已经意识到公司的问题，在 Mt.Gox 的比特币价格跌至 115 美元，远远低于其他交易所的价格。

2 月 28 日，Mt.Gox 向东京地方法院申请破产保护。该公司当时未清偿债务合计约 6 360 万美元。日本金融厅和警察厅等部门介入调查，纽约曼哈顿联邦检察官办公室已向 Mt.Gox 公司发出传票。

调查发现，Mt.Gox 公司自有比特币 10 万枚和属于客户的 75 万枚比特币全部被盗，失窃资产约占当时比特币总发行量的 7%，当时估值合计约 4.8 亿美元，不知所踪。有消息称，Mt.Gox 在破产前一个月，因其系统存在重大漏洞曾遭受黑客大规模的攻击，大部分的比特币被黑客窃取。CEO 马克·卡普勒斯被日本警方多次逮捕拘留，至今仍身陷囹圄，而消失的资金大部分至今下落不明。

一份来自东京比特币安全公司 WizSec 的调查报告显示，早在 Mt.Gox 公司破产之前的 2011 年，公司热钱包里的比特币就逐渐被人窃取。Mt.Gox 在那之后是通过一部分比特币储备继续运作的，Mt.Gox 和马克·卡普勒斯本身对当时比特币的丢失是否知情尚未查明。另有说法是，Mt.Gox 公司长期面临着技术上的安全漏洞问题，这些问题在 2013 年夏季就已开始呈现，当时 Mt.Gox 暂停了客户提取美元。

据日本媒体报道，Mt.Gox 交易平台顶峰期间拥有超过 100 万个账户，以日本以外的客户为主，包括不少 1 万美元以上量级的用户。此外，Mt.Gox 长期以来管理混乱，马克·卡普勒斯对技术漠不关心，缺乏基本的安全意识和运营管理能力。在 Mt.Gox 面临崩溃的时候，马克·卡普勒斯却在为一个名为比特币咖啡馆的项目忙个不停。

Mt.Gox 濒临破产令整个比特币世界遭受沉重打击。很多不明真相的人将此次事件归结为比特币是骗局、比特币不安全等，对社区和数字货币的形象造成了极其恶劣的影响。

实际上，早在 2011 年 6 月 20 日，Mt.Gox 就出现了严重的安全问题，在其平台的比特币价格波动异常，最低跌到 1 美分，而此前正常的价格在 15 美元左右。后来网站发布声明称，一个客户在账号被来自香港的 IP 地址攻破，黑客一面低价卖出，又用另一个账号吃进。但是，由于每天只有 1 000 美元的提现额度，这个黑客只转走了 1 000 美元的比特币，之后就再也没能得逞。

事件发生后，不少主流比特币交易平台和支付平台，包括 Bitstamp、比特币中国、Kraken 等均发布声明，试图将 Mt.Gox 的单独个案与行业发展划清界限。

Mt.Gox 被盗及倒闭事件引起了全球的关注。传奇风险投资家弗莱德·威尔逊（Fred Wilson）认为："我们正见证着一个行业的渐渐成熟，有些失败是必然的。据我观察，几乎每一种新兴科技都会经历这种'成长的阵痛'。"

风险投资家马克·安德里森也曾说过："毫无疑问，每一个重要的新技术都要经历'分娩的痛苦'。计算机是这样，互联网是这样，那么比特币当然也会这样。但我们对它的热情和信任不会改变。"

虽然这些交易所的倒闭造成了许多负面影响，但是也在某种程度上促进了比特币生态系统的发展。因为活下来的交易所会更加注重技术和安全问题。不过，正如《精通比特币》一书的作者安德烈斯·安东普洛斯（Andreas Antonopoulos）所提醒的："不管交易平台再多么安全，你都不能放弃对私钥的控制，不掌握私钥，就相当于丢掉了比特币。"用户们一定要记住这个教训，选择那些明确声称自己使用冷钱包的交易所。

Bitcoinica 倒闭事件

Bitcoinica 交易所于 2011 年 9 月 8 日成立，是一家复杂交易活动平台，围绕比特币创造出一系列证券、债券和期货等衍生品，为客户提供投机交易服务。创始人周同自称是一个 19 岁的新加坡华人。

2012 年 3 月 1 日，该交易所遭受重大财务损失，原因是系统内部出现安全漏洞，给黑客提供了窃取平台资金的机会，超过 43 000 枚比特币被攻击者窃取，价值 20 万美元。据报道，该事件涉案资金大多属于平台本身，用户只损失了一小部分资金。交易所对此提供了一份声明，表示储备资金足以弥补损失。但不幸的是，盗窃并未就此停止，几周之后的2012年5月11日，该交易所再次遭遇黑客攻击，其热钱包中的比特币被掏空，18 000枚比特币（约合9万美元）不知所踪。这起事件最终导致了Bitcoinica关闭下线。之后就有谣言称创始人周同监守自盗，是两起盗窃案的幕后黑手。

很少有人知道，Bitcoinica关闭之后换了个名称叫作Bitfinex，继续开始比特币交易所的运营。Bitfinex是Bitcoinica的重生版本，因为两者使用的是同一种源码。据说，Bitcoinica倒闭不到1年，Bitfinex就上线了。但是，Bitfinex依然摆脱不了技术安全不过关、频繁被盗的命运。

Bitfinex被盗事件

2016年8月3日凌晨，美元比特币交易平台Bitfinex发布公告称："发现安全漏洞，该平台用户的1 19 756枚比特币被盗，价值约合7 500万美元。平台已暂时关闭比特币交易及提现业务"。受此消息影响，比特币交易价格从最高4 043元人民币下跌至最低3 005元人民币（各平台略有不同），单日跌幅一度超过25%，也是自2016年以来的最大跌幅。

8月7日，Bitfinex公司发布公告称，平台将在24~48小时内重新上线运营，并且其所有用户将平摊这次损失的36.067%。这意味着，所有客户在登录平台后，将看到自己的账户损失掉36.067%的资金。此外，交易所还将发行一种代币，以此作为"欠条"。为了记录每一个钱包的损失，Bitfinex将为每一位受损失的客户标记相应数量的BFX代币。之后Bitfinex会赎回这些BFX代币，或通过特定的交换。

8月10日，Bitfinex恢复交易，这距离因被盗而关闭已经过去一周。

8月11日，Bitfinex社区主管赞恩·塔克特（Zane Tackett）通过社交媒体称，如果有人能够帮助找回这些资金，他们愿意提供其中的5%（大约6 000枚比特币）作为奖励。

据了解，Bitfinex此次的问题关键在于"热钱包"。"热钱包"是比特币的存储方式之一，属于联网钱包，特点是快速便捷。与之对应的"冷钱包"是非联网钱包，安全性高。从Bitfinex公告的信息来看，最大漏洞出在热钱包安全机制上。Bitfinex选用的是一家名叫BitGo的安全平台公司，这家公司使用对用户的热钱包进行多重签名机制，以期实现用户BTC资产的安全存储。但这首先需要假设Bitfinex发送给BitGo的所有指令都是正确、安全的，所以，很有可能在Bitfinex发出指令的过程中已经产生了问题。

Bitfinex位于我国香港特别行政区，在遭受攻击之前是美元交易量最大的比特币交易所。自2012年上线以来，Bitfinex吸引了大量的用户，几乎垄断了新兴的比特币交易市场。该交易所为用户提供P2P的保证金交易服务（杠杆交易）。有行业人士评论说，正是由于保证金交易服务才提高了平台人气并为其带来了众多的客户。保证金交易制度具有一定的杠杆，投资者不需要支付合约价值的全额资金，只需要支付一定比例的保证金即可交易。保证金交易制度的杠杆效应在放大收益的同时也同等地放大了风险。在发生极端行情时，投资者的亏损额甚至有可能超过所投入的本金。

对Bitfinex来说，比特币被盗一事并非是头一次。早在2016年6月下旬，Bitfinex就曾因设施检查问题暂停交易，引发比特币价格一夜暴跌近10%。更早些时候，该交易所也曾经历过多次系统故障，原因多种多样，诸如数据中心、API以及数据损坏等。例如，2015年8月，Bitfinex突然关闭了交易服务，对外声称是后期处理问题。一周后，Bitfinex系统崩溃，沉重打击了比特币市场。据说是因为

AlphaPoint 和 Bitfinex 的系统对接失败。2015 年底社交媒体上流传的一封邮件指出，Bitfinex 遭到了美国商品期货交易委员会（CFTC）的调查。CFTC 负责监管美国的商品交易，Bitfinex 被指控非法持有用户保证金，并且缴纳了 75 000 美元的罚金。

比特币交易所事件一览表

• 2012 年 10 月，全球比特币股票交易所（GLBSE）因担忧法律问题突然关闭。

• 2013 年 10 月 23 日和 26 日比特币钱包公司 inputs.io 网站分别遭到黑客两次袭击，损失约 4 100 枚比特币（约合 120 万美元）。

• 2013 年 10 月 26 日，国内比特币交易平台 GBL 负责人携款跑路，后被警方抓获。

• 2014 年 2 月，当时全球最大的交易所 Mt.gox 宣布丢失 85 万枚比特币。

• 2014 年 8 月 15 日，国内交易平台比特儿被黑客盗走 5 000 万枚未来币，折合人民币约 1 000 多万元。

• 2015 年 1 月 5 日，Bitstamp 确认丢失 1.9 万枚比特币。

• 2015 年 1 月 23 日，Egopay 交易系统被入侵，给用户造成 120 万美元的损失。

• 2015 年 2 月 15 日，比特儿被盗 7 170 枚比特币。

• 2015 年 2 月 18 日，比特币存钱罐宣称被盗 3 000 枚比特币。

• 2016 年 5 月 14 日，香港数字货币交易所 Gatecoin 比特币和以太币资金被盗后下线。

• 2016 年 8 月 3 日，比特币交易所 Bitfinex 近 12 万枚比特币被盗。

吸取的教训

过去 5 年中，95% 倒闭的比特币相关创业项目都是由于发生比特币被盗事件。由于比特币的匿名性，被盗后几乎无法追回。随着比特币价格的上涨，隐藏在世界各地的天才黑客们，一定会盯住那些技术薄弱、存在安全漏洞的交易所"大开杀戒"。可以想见，未来还会有更多的数字货币交易所会被黑客盯上，会有更多的用户蒙受损失。业界已经达成共识，即中心化的比特币交易所更易于受到黑客的攻击。

投资者们应该从这些惨痛的案例中吸取教训，审慎选择兑换数字货币的交易所。我们的建议是：

- 选择那些口碑好、安全性高、交易量大、冷存储的交易所；
- 除非交易需要，否则不要将太多的数字货币存放在交易所；
- 如果短期交易的数字货币数量较大，可以选择多个交易所进行交易；
- 一旦你对某个交易所的安全性和运营管理能力有疑虑或听到某些传闻，为了保险起见，建议投资者立即转出所有资产。

众筹项目跑路风险

所谓众筹跑路是指，众筹项目发起人在项目募集资金结束后卷款潜逃。众筹跑路不是数字货币行业独有的现象，在互联网金融圈，众筹跑路、P2P 平台跑路时有发生，见怪不怪了。

当前，国内数字货币行业的众筹 ICO 正风风火火，更多了解项目团队的实力、诚信和社会关系，也许能降低未来投资打水漂的风险。另外，数字货币行业也应设立规范，让众筹过程做到透明、可被监管、资金使用多重签名，或引入第三方监管等，减少对核心人物的依赖。

说实话,众筹跑路风险是很难事前分析发现并避免的,除非你不参加众筹。下面例举烤猫跑路和国内 GLB 平台跑路事件两个例子,以帮助读者理解众筹项目中的不确定性,并能对众筹跑路风险有一定的认识和警醒。

烤猫跑路事件

2015 年 3 月,国内知名的矿机生产商 ASICMINER 负责人烤猫失联,疑似跑路,至今未曾现身。烤猫公司的股票曾经 50 倍涨幅的辉煌土崩瓦解,直接归零。

烤猫本名蒋信予,曾就读于湖南省邵阳市第一中学,2001 年以名列全国第 11 名的优异成绩考取中国科大少年班,2009 年获得硕士学位,中科大 - 耶鲁高可信软件联合研究中心博士。由于他在 bitcointalk 论坛的官方 ID 为 Friedcat,因此在比特币圈被称为"烤猫"。

2012 年 7 月烤猫创立公司,宣布制造 ASIC 矿机的计划。资料显示,"烤猫"注册公司名称为"深圳市比特泉信息科技有限公司",注册地址在深圳市南山互联网产业基地,经营领域为网上从事计算机软硬件的技术开发与销售、电子商务;认缴注册资本总额为 5 万元,两位股东各占一半。

2012 年 8 月,烤猫在 Bitcointalk 论坛发布 IPO 成立 ASICMINER,总共发行 40 万股,其中公众持有 163 962 股,深证比特泉公司(Bitfountain)持有 236 038 股,原始股 0.01 比特币一股,购买股票者可以分红。2012 年 8 月 7 日,ASICMINER 在 GLBSE 交易所成功地进行了虚拟 IPO。

烤猫用自己开发的矿机开矿,开创了比特币世界第一个由 ASIC 矿机组成的矿场。从 2013 年 2 月底起,仅一个月时间,烤猫就让股东们收回了成本。到 2013 年 7 月间,这座矿场每个月都能挖出近 4 万枚比特币,价值上千万元人民币。

在巨额的分红刺激下,烤猫公司的虚拟股票直线上涨。创立仅一年的烤猫公司市值超过 1.3 亿美元。

然而,2014 年 10 月 24 日,烤猫在 Bitcointalk.org 公布了烤猫算力合约销售计划:算力由烤猫提供,销售和管理由小强矿机(RockMiner)负责,销售网站是 HavelockInvestments,详情见《烤猫第一批比特币算力合约公告全文翻译》。AMHash 是 RockMiner 和 AsicMiner 合作的项目,RM 相当于 AM 的承销商,负责将算力卖出去,以及 AMHash 平台建设与完善,负责收币后分红,解答客户的疑问。

2015 年 2 月 28 日,烤猫比特币云算力平台 AMHash 在 Bitcointalk 论坛发布公告称,由于 AMHash 没有收到 ASICMINER(烤猫公司)支付的 BTC,分红不得不继续暂停。有网友在论坛贴出分红记录,称 2 月 10 日起就停止分红了,此时问题已经暴露。

2015 年 3 月 2 日,AMHash 继续在 Bitcointalk.org 论坛发帖说,从 2014 年 12 月 25 日开始,烤猫 3.546P 算力的矿场被抢走,烤猫告诉 AMHash 将会重新部署新的矿场,恢复算力,但一直没有收到关于新部署算力的任何信息。

2015 年 3 月 3 日,RockMiner 负责人"疯狂小强"在微博发布公告,烤猫从 1 月 25 日起失联,家人已经报案,具体原因不详。一切问题都需要等烤猫出现,因为其他人手里现在没钱。

3 月 3 日继烤猫失踪后,网上有传言烤猫币址转移 20 000 枚比特币。

2015年3月4日，有人发现烤猫在深圳的办公室已经人去楼空。

2015年3月8日，疯狂小强公布了AMHash相关细节，包括项目开始时与烤猫的协商，以及项目进行时向烤猫支付的款项。

2015年3月12日，ASICMINER管理团队称，因为烤猫失联，公司暂时由David Fan来管理，由于发生了不可预知的事件，RockMiner团队管理的AMHash算力已经无法获取。对于任何第三方造成的损失表示抱歉，承诺将尽全力减少损失。

从此，烤猫这个矿机界的传奇人物就像人间蒸发了一样。烤猫失联，最终给投资者们带来了巨大伤害，无数比特币投资化为泡影。

国内GLB平台跑路事件

2012年10月26日，比特币期货交易平台GLB负责人跑路，网站无法登录。首页显示一条留言，内容为"该网站已被攻破，请按照我们说的数目汇款到这个账号，否则我们将删除网站所有数据。"这一伪装成黑客入侵的现象被用户们认为是"自导自演"。同时，用户们纷纷被踢出GBL官方QQ群——这是他们与这个交易平台唯一的联系渠道。

GLB网站建立于2012年5月27日，于10月26日凌晨被关闭，自称公司总部位于我国香港，平台有交易会员约4 500人。据称有一个平台对赌功能，而且是10倍杠杆，另一个比特币期货交易所796交易所只有2~4倍杠杆，而且是玩家对赌。

事发后，浙江省东阳市的用户向当地警方报案，东阳市公安局随后对此案展开调查。同时，平台用户们组成了维权QQ群。GLB事件维权QQ群的人数多达500人，涉及的损失超过人民币3 000万元。

据财新网报道，10月31日晚，金华市网警大队队长找到了该QQ维权群，比特币玩家们在验明其身份后，于11月5日将证据移交。这些证据包括：玩家们通过技术手段入侵到GLB的服务器，发现服务器被格式化之后，恢复数据；在数据库找到管理员信息，通过这些信息找到真实的嫌疑人；还有比特币玩家前往GLB香港的办公地址验证公司真假。

2013年12月2日，浙江省东阳市公安局官方微博发文称，专案组民警确定了GLB交易平台管理人员的身份，并及时进行抓捕。三名涉案人刘某、金某和黄某已相继于11月12日、14日和19日被抓获。

据《南方周末》报道，2012年5月27日GLB成立当天，公司一名经纪人在全球最大的比特币论坛中文板块开帖宣传GLB交易平台，随即遭到网友们质疑，不断爆料，如他们公司董事的图片，是从恒生银行"借来"的；公司前台照片PS了华润公司的；公司介绍里大段抄袭了新鸿基的内容等。事后受害者提供给《南方周末》记者的资料显示，GLB网站QQ群里的客服以及所谓的董事长的QQ头像都是盗用别人的。接着，其留下的法国分部地址，被发现其实是一家咖啡馆。

也就是说，这家公司上线之初就已劣迹斑斑、漏洞百出，各种造假不一而足，网站本身也做得非常山寨。结果，在10倍杠杆赚快钱的诱惑下，还是有人抱着侥幸心理飞蛾扑火。

政府监管的影响

全球来看，数字货币行业都还处在各国法律框架的空白或灰色地带。数字货币媒体网站也经常披露，某个国家的数字货币交易所被粗暴关停，或者被合作银行切断资金渠道。尽管数字货币是全球化、无国界的，但目前还没有看到各国监管层相互沟通和全球协调的行动。

纵观最近几年的监管发展，可以明显看出，各国政府及官员态度已从最早的抗拒和禁止，变为默许，到最近两年的积极接触，并从最基本的反洗钱（Anti-Money Laundering，AML）及充分了解客户（Know Your Customer，KYC）等金融监管要求开始，尝试建立数字货币的初步监管规范。

各国的监管进展和严苛程度不尽相同，大致主要有以下几类监管。

一是按经营主体实施监管，比如对经营与数字货币业务相关的实体设立限制性监管措施，如监管数字货币经营者、数字货币交易者及消费者保护措施。目前来看，经营主体监管主要集中在交易所的法币兑换、法币传输、数字货币证券等领域。

二是多头监管。从国内数字货币的行业实践来看，至少涉及银行、证券、期货、工商、税务等政府多部门。鉴于数字货币的特殊性（去中心化、互联网化、匿名性、无特定发行机构等），政府适应传统经济活动的监管体系和法律框架中找不到合适的措施来与数字货币对应。因此，监管机构会评估现行的监管措施是否适用于数字货币及数字货币中间商，以税收为例，监管机构会确定税收立法如何适用于数字货币监管。在税收问题上，政府很难确认一笔从 A 地址到 B 地址的数字货币交易是对应了现实世界的货物购买、简单转账，还是自我转账。最终，监管机构一定会从执行难度最低、监管需求最迫切的领域开始（反洗钱、充分了解客户、反恐怖融资、禁止黑市交易等），逐步扩散到数字货币业务的其他环节，形成多头监管的格局。

三是部分发展中国家直接一刀切，禁止使用数字货币。有些政府甚至可能禁止一切以数字货币为基础的金融活动、数字货币兑换、私人交易、以数字货币为商品标价等。

美国前财政部长、哈佛大学校长劳伦斯·萨默斯说过："过时的金融体系效率太低效，如果毁掉数字货币将是一个巨大的错误，要么是居心不良的，要么是不合逻辑的。"从美欧实践和我国国内的进展来看，我国实行全面禁止数字货币政策的概率比较小。

从最近几年各国政府和监管部门对数字货币态度的演变来看，大多数政府都在尝试理解数字货币和区块链技术，理解它们对于传统金融体系可能存在的影响和冲击，以及到底该如何监管。已经有一些国家开始筹划和实验发行自己的主权数字货币（或称央行数字货币），比如英国和中国。

必须指出的是，数字货币正在蓬勃发展，未来会有更多的、更强大的数字货币被极客们创造出来，并获得影响力。

关于监管给数字货币带来的影响主要表现在以下几点。

- 目前，世界各国对数字货币还没有明确的监管框架和法律法规。
- 国内全面禁止数字货币的概率极小，随着数字货币价格、交易量和市场规模的扩大，监管部门会逐渐意识到威胁和压力。
- 未来监管一定会从执行难度最低、监管需求最迫切的领域开始，逐步向外扩散，最终形成多部门、跨行业的多头监管模式。比如反洗钱、充分了解客户、反恐怖融资、禁止黑市交易等。创业者和投资者们一定要守住遵纪守法的底线，主动学习业务相关的法律法规，认清自己的行业属性，遵守基本的金融监管如 AML/KYC 等，做到自我监管。
- 比特币和数字货币可能被犯罪分子用来进行非法活动，比如走私、毒品和枪支交易、支持恐怖活动、违法跨境贸易、洗钱、非法集资、诈骗、勒索等。社会上也存在着大量的传销币品种，打着数字货币、加密货币的旗号行骗，给投资者造成重大损失。这些活动会对数字货币行业的名声和监管带来不利影响。创业者和投资者们应保持清醒，主动与非法活动划清界限，加强宣传。

• 从事比特币和数字货币的创业公司和投资者，可能因为涉嫌违法或违规经营而受到监管部门的调查和惩罚。涉及金融合约和资金流动的创业企业，应严控金融风险。

• 数字货币行业应主动与监管机构进行沟通，做到自我监管。

• 应成立数字货币的行业协会，负责行业自律、宣传引导、协调政企关系和信息沟通、协助建立行业标准和监管规范、监督执行等，帮助政府部门更好地理解比特币和区块链技术，推动建立有利于创新的法律环境。

• 未来国家一定会发行主权数字货币（央行数字货币），并利用商业银行系统和第三方支付来推广，民间数字货币应积极与其融合。

• 建议监管机构寻求合理监管和鼓励创新相平衡。监管机构应理解，数字货币是革命性的技术创新，一旦开始就再也无法回到过去。而且，数字货币、区块链、智能合约等，会给社会和经济带来巨大进步，让社会更透明，让交易更便捷，让百姓更平等地享受经济机会。

• 对数字货币的误解在全球范围内广泛存在，监管机构、创业者、投资者、行业协会都应不断学习。数字货币领域发展很快，各个行业的创新应用层出不穷，参与者应积极适应行业的发展变化。

• 对于投资者而言，规避数字货币法律风险的最好办法是：不要将资产放在交易所；妥善保管自己的数字货币和其他数字资产；不要利用数字货币做出任何可能违法的行为。

比特币及数字货币监管事件一览

• 2013年7月，泰国央行宣布比特币交易非法，交易平台Bitcoin.co.th被迫关闭。

• 2013年8月，德国联邦财政部承认比特币为货币单位，和外汇一样具有结算功能，可用于缴纳税金，个人使用比特币可获得免税待遇，但不具备充当法定支付手段的功能。

• 2013 年，美国反洗钱交易报告中心金融犯罪执法网络 FinCEN 出台了有关虚拟货币的指导意见，其中特别指出比特币属于"可转化的虚拟货币"。

• 2013 年 12 月，中国央行等五部委联合发布《关于防范比特币风险的通知》，指出比特币不具有法偿性与强制性等货币属性，并不是真正意义上的货币，并禁止第三方支付参与比特币交易。比特币交易作为一种互联网上的商品买卖行为，普通民众在自担风险的前提下拥有参与的自由。

• 2014 年 2 月 7 日，俄罗斯总检察院发表声明，明确禁止在俄罗斯境内使用比特币，原因是"比特币是一种货币代替品，任何公民和法人实体不得使用"。

• 2014 年 3 月，泰国央行表示比特币存在风险但并不违反法律，交易平台 Bitcoin.co.th 重新开放。

• 2014 年 6 月，美国加州最终通过 AB-129 法案，包括数字货币、积分、优惠券在内的美元替代品为合法货币，允许使用比特币等数字货币在加州进行消费。

• 2014 年 11 月，英格兰银行发布季度专题报告，全面阐释了比特币及其他数字货币。

• 2014 年 12 月，美国纽约将数字货币管理和比特币牌照相关法规编入《纽约金融服务局法律法规》，开始实施对比特币的监管。

• 2015 年 3 月，英国财政部宣布，计划要求英国的数字货币交易所和其他金融中介机构一样，开始实施反洗钱标准，支持有效的身份识别和验证。

• 2015 年 5 月，美国金融犯罪执法网络（FinCEN）宣布，将会首次对那些登记为货币传输器的数字货币企业，根据《银行保密法》（Bank Secrecy Act）进行审计。

- 2015年6月，纽约州金融服务局（NYDFS）宣布数字货币公司监管框架 BitLincense 许可证正式生效，纽约成为美国第一个正式推出制定比特币和数字货币监管的地区。
- 2015年9月17日，美国商品期货交易委员会要求停止未注册的比特币期权交易平台，并确认比特币和其他数字货币应被定义为商品。
- 2015年10月，欧盟法院裁定比特币交易免征增值税。
- 2016年1月，中国人民银行在京召开数字货币研讨会，称争取早日推出央行数字货币。
- 2016年3月，英国央行英格兰银行与伦敦大学学院合作，开发了央行控制的数字货币，称为 RSCoin，目前正在开源测试中。这是主流大国央行第一次尝试发行数字货币。
- 2016年5月，日本首次批准数字货币监管法案，并定义比特币为财产；日本监管机构提议，将比特币等数字货币作为一种支付方式。这样，数字货币在法律上将等同于日本传统货币。日本金融厅（FSA）正考虑是否修改相关法律条文。
- 2016年6月，波兰政府数字事务部考虑用比特币和区块链技术进一步推进政府服务数字化进程，并采取措施推进数字货币和区块链技术的发展。
- 2016年6月27日，我国全国人大常委会首次审议《民法总则》草案一审稿，并计划于2020年完成整部《民法典》。其中第一百一十一条"网络虚拟财产"规定，网络虚拟财产受法律保护。但条款并未定义什么是"网络虚拟财产"。
- 2016年7月，俄罗斯财政部副部长阿列克谢·莫斯耶夫（Alexei Moiseyev）建议将对数字货币纳入外币监管范畴。
- 2016年8月30日，中国央行旗下《中国金融》杂志重磅推出"央行数字货币研究与探讨"专题。
- 2016年9月，俄罗斯财政部副部长阿列克谢·莫斯耶夫在接受采访时表示，鉴于技术的发展，直接禁止比特币是不明智的选择。

• 2016年9月，中国人民银行计划筹备数字货币研究所，科技司副司长姚前被任命为筹备组组长。

• 2016年11月，中国央行直属的印制科学研究所发布招聘计划，拟招聘专业人士进行数字货币研发工作。此举表明央行数字货币的发行正式拉开帷幕。

08

走向主流的区块链技术

数字货币的核心是区块链,区块链技术支撑着整个加密数字货币的安全性。从目前的市场反应来看,区块链技术吸引到的目光不是不足,而是有点过头了。不少比特币早期持有者的成功创富故事,迎合了其他市场进入者心底"逆袭"的野心。但理想和现实之间的距离可能会超过大多数人的想象。此外,资本市场可以分为一级市场和二级市场。在一级市场,新证券发行并满足机构投资者的需求。在二级市场,已经发行的证券在公众与机构之间易手。通常资本市场里也不包括商品期货市场。但我们惊奇地发现,全球各地的交易所,无论是一级市场还是二级市场,无论是商品期货还是金融期货,都已投入巨资开始研究区块链技术。不可否认,区块链的成功应用将有效提高结算效率。

实际应用落后于美好理想

2016年上半年,高盛集团、美国证券托管结算公司(DTCC)、欧洲清算中心（Euroclear）、环球同业银行金融电信协会（SWIFT）、埃森哲咨询公司（Accenture）、欧洲中央银行（ECB）、摩根士丹利、德勤和欧洲证券市场管理局（ESMA）等全球巨头纷纷发布一系列区块链及分布式账本技术（Distributed Ledger Technology，DLT）报告，指出这一技术能够显著减少金融及证券行业的成本和风险。

高盛集团称："区块链可能会颠覆一切，区块链所提供的解决方案不仅给消费者机会，更给企业更大的盈利潜力。"SWIFT发布的标题为《区块链技术在证券交易周期中的影响和潜力》报告称，鉴于每年在清算、结算等交易过程中，实名制、反洗钱程序花费超过400亿美元，该报告推断"区块链技术可以让全球证券市场每年减少百亿美元的开销"。德勤公司认为："区块链可以在通信、交易和合约方面产生深远影响，从根本上改变当前商业、政府和社会。"

当然除了其潜力外，也有机构提醒切忌寄予区块链技术上建立不切实际的期望，以免徒耗资源。摩根士丹利在其31页的报告里细数了区块链成为实际应用之前要克服的10大障碍：

1. 应用场景的性价比很高吗？
2. 谁来支付/共同承担升级现有系统的成本？
3. 利益不均；
4. 形成行业标准尚需时日；
5. 可扩展性/性能问题；
6. 政府管制；
7. 监管问题；
8. 法律风险；
9. 数字密码学受到的挑战影响其安全性；
10. 简易性及跨平台可操作性。

08 走向主流的区块链技术

报告指出,区块链技术优势很清晰,但短期对银行业绩没有影响。2016—2018年是区块链试错的时间段,各种概念性(Proof-of-concept,POC)产品会不断出现:"很明显这是一个机遇,然而想要在2017年或2018年就对我们有重大影响还不太现实。"

欧洲中央银行(ECB)的结论是:"分布式账本技术(DLT)可能会找到一种走向主流市场的方法,如果有这样的可能性,那么它可能会逐步地实施这样的过程,而不是在市场中掀起一场革命。"

这与美国IT咨询公司高德纳的看法不谋而合。该公司每年都会发布新兴技术的发展规律周期图,帮助企业识别跟进从而获取竞争优势的关键趋势。在2016年7月,区块链技术第一次进入高德纳新兴技术曲线图(如图8-1所示)。

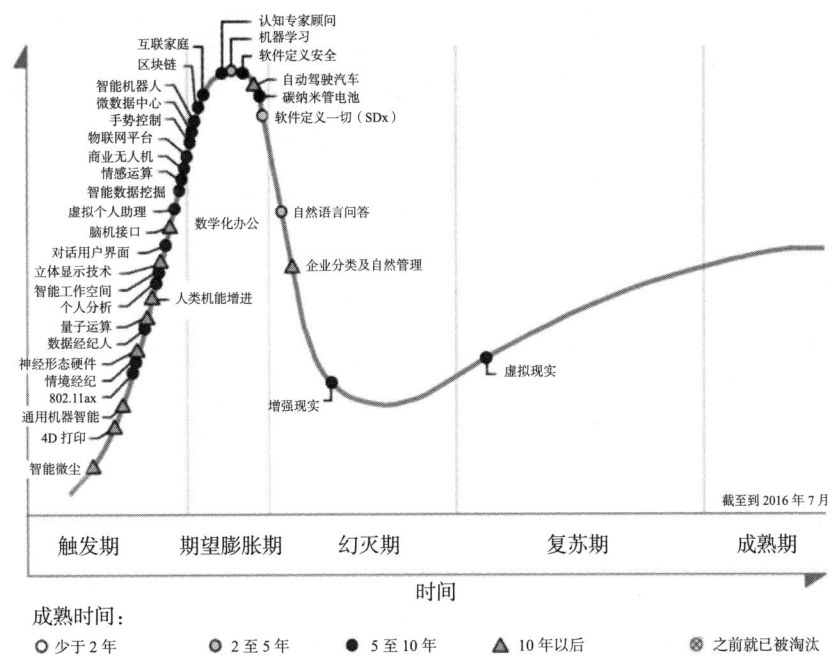

图8-1 2016年7月,高德纳发布新兴技术曲线图,区块链处于"期望膨胀期"

从图 8-1 中可以看到，目前区块链的应用进入了"期望膨胀期"，也就是说各行各业都期望这项新技术能为自己带来优势，从而在竞争中获胜。这与我们目前观察到的情形也比较吻合。高德纳预测的 2017 年 10 大战略科技潮流中，把区块链与分布式账本（Distributed Ledgers）两者并列，但有所区分，显示业界已经开始注意到了这两者之间的区别。

当然，也有一些早期项目的落地值得我们关注。2016 年 10 月，在纳斯达克上市的大型网上零售公司 Overstock 的 CEO 帕特里克·伯恩（Patrick Byrne）在伦敦宣布，其筹划 2 年多的区块链股票将在 11 月份开始登记认购，其普通股股东能够以 100 股认购 1 股的比例认购优先股，而这种优先股的特别之处在于其发行与交易将在 t0 平台上独家进行。

区块链的种种特性，使创建一个开放式、防篡改的数据库成为可能。任何类型的金融资产，比如债券或者股票，都可以转变成编码，通过区块链来完成传输交易，而无需用到清算机构。这意味着，股票交易的清算和结算过程，可能在几分钟内完成，而不需要耗费几天时间。

有朝一日基于区块链技术创建的基础设施，可能取代并简化证券交易中许多复杂的系统。全球各地的资本市场运营商也已经开始了前期的探索。

资本市场在行动

区块链技术的先进性，引发了全球资本市场运营商的竞相追逐，包括我国在内的各大资本市场，如股票交易所等，纷纷投入资源围绕区块链技术进行开发，尤其是在"交易后领域"。

纽约证券交易所

纽约证券交易所（NYSE）是最早的几家对该行业产生兴趣的公司之一，NYSE在2015年发布了两份重要声明，这两份声明都与比特币相关。

2015年1月份，NYSE参与投资了比特币交易所Coinbase的C轮融资。NYSE主席杰夫·斯普雷切（Jeffrey Sprecher）表示这次投资表现出对千禧一代将广泛使用数字货币的信心。2016年5月，NYSE将继续推出基于Coinbase交易数据的比特币价格指数。

中国证券登记结算有限公司

2016年10月，中国证券登记结算有限公司（CSDC，以下简称"中国结算"）与俄罗斯国家证券存管公司（NSD）签署合作备忘录，未来将展开"交易后领域"区块链应用的合作。有观点认为，中国结算对区块链技术应用的态度极为重要。目前，中国结算公司已经成立了工作组，专门研究如何将区块链技术结合。并且和万向区块链实验室合作，尝试在区域性市场或者是新三板市场体系中，针对一些非交易性的环节，例如股权的质押登记、质押交换做一些探索，从而把区块链逐渐整合到现有体系中，而不是整体取代。

日本交易所集团

日本交易所集团（JPX）是亚洲比较活跃的一个股市运营商，旗下主要有东京证券交易所和大阪交易所。

2016年2月，JPX宣布与IBM公司达成战略合作，成为Blockchain-as-a-Service（BaaS）的用户。

2016年4月，JPX第一次与野村综合研究所合作进行区块链技术实验。NRI 一直在积极研究分布式账本技术在金融服务领域的应用。2015 年 10 月，该机构和日本最大券商野村证券的实验证明，区块链技术成功地保证了股东账户信息不被篡改。

2016 年 8 月，JPX 发布了共 27 页的题为《分布式账本技术对于资本市场基础设施的可实用性》研究报告，该报告得出的结论是："虽然有一些问题有待解决，但分布式账本技术在资本市场基础设施方面有极大的潜力，可以产生新的商业机会，改善现有商业模式，减少成本，甚至可以重建现有的金融商业模式。"

根据 2015 年桑坦德创新基金（Santander InnoVentures）、奥利弗·怀曼（Oliver Wyman）以及安瑟朱斯（Anthemis）集团发布的研究，到 2022 年，分布式账本技术可每年减少银行 150 亿~200 亿美元的基础设施成本（包括跨境支付，证券交易以及监管合规费用）。

澳大利亚证券交易所

在谈到区块链技术的圈地运动时，不难看出澳大利亚证券交易所（ASX）的野心。它在 2016 年初向由前摩根大通高管布莱特·马斯特（Blythe Masters）创建的数字资产控股公司（Digital Asset Holdings，DAH）的 A 轮融资中投资超过 1 700 万美元，作为其在区块链及分布式账本技术领域的布局之一。

2016 年 8 月，澳大利亚证券交易所公布了其分布式账本结算系统原型。其演示文档演示了这家交易所与 DAH 公司合作开发的解决方案。ASX 现在正在衡量如何替换其现有的结算系统 CHESS，而区块链技术被看作一个可能的彻底革新路径。ASX 的顾问们预估，在澳大利亚的股权交易后市场上使用区块链技术，每年会为终端使用者，包括交易所、监管者、参与者、托管人、待上市公司、数据商和技术供应商，节省开支达 40 亿~50 亿美元。

芝加哥商品交易所集团

芝加哥商品交易所集团（CME Group）行动积极，创建了交易后分布式账本技术工作小组（Post-Trade Distributed Ledger Working Group）。其下属的风投基金 CME Ventures 先后投资了分布式账目创业公司 Ripple、数字货币集团（Digital Currency Group，DCG）以及前文提到的数字资产控股公司（Digital Asset Holdings）。

CME 将于 2016 年 11 月 13 日发布两个比特币价格指数产品，一个是比特币实时指数（BRTI），另一个是比特币参考指数（BRR）。由于这个产品是和前高盛高管创立的 Crypto Facilities 合作开发的，因此被冠以 CME CF 的前缀。

借助 CME 的权威性和影响力，这些产品的发布有望统一比特币衍生品自 2013 年诞生以来的价格指数乱象。比特币衍生品市场的结算将有一个统一的标准，从而促进整个市场的发育和壮大。

迪拜多种商品交易中心

迪拜多种商品交易中心（DMCC）被《金融时报》杂志评选为 2016 年"年度全球自贸区"，这是该机构连续第二年获此殊荣，其主营品种是贵金属和其他有形商品的交易和流通。DMCC 也是中东地区推动区块链应用的主要推动者之一，是全球区块链委员会的在中东地区的领军人物。中东地区的区块链相关活动较少，直到 2016 年全球区块链委员会（Global Blockchain Council，GBC）在迪拜举行，这种情形才得以改观。GBC 目前的 32 名成员来自创业公司、金融公司和科技巨头，旨在监督区块技术应用及其发挥的影响。

2016 年 5 月，DMCC 公布了一个使用区块链技术验证和传递金伯利流通证书的原型产品，该证书是联合国于 2003 年引入的一项制度，用以阻止"血钻"的流通。金伯利进程证书制度从根本上讲是一项针对毛坯钻进出口贸易的监管制度。生产国负责管理生产以及毛坯钻从矿场到出口地点的运输。每一批需出口的毛坯钻都将封装在防损容器中并附有一份由出口政府主管机构签发的金伯利进程证书。对未附有金伯利进程成员签发的证明书的毛坯钻进口以及面向非金伯利进程成员的毛坯钻出口都是禁止的。

DMCC 在 2010 年总共交易了价值 350 亿美元的钻石，是世界第三大钻石交易中心。DMCC 目前正在担任金伯利进程的主席，负责协调其成员之间的行动。这为他们在各成员之间测试区块链技术提供了便利。

伦敦证券交易所

伦敦证券交易所（LSE）是交易后分布式账本工作小组的创始机构之一。当谈及区块链相关的技术实验时，伦敦证券交易所是最具活力却也是最低调的一家机构。伦敦证券交易所是加入创业公司区块链联盟（R3）的第一批大公司之一，而且它第一个表示大型金融公司将寻求利用合作模式来进行区块链测试，这超出了 R3 的框架。也正是从那时起，一些大型金融公司开始参与私人的概念验证以及涉及各方的资本市场某些领域的运营。此外，与科沃拉创新基金（Kouvola Innovation）、日本交易所集团一样，伦敦证券交易所也是 IBM 公司的区块链即服务（Blockchain-as-a-Service，BaaS）的最早客户之一。

纳斯达克

当谈到测试区块链技术时，纳斯达克（Nasdaq）一向不甘人后。美国股票市场运营商纳斯达克在 2015 年首次推出私人股份交易平台 Linq，也因此成为第一个进行区块链概念验证的金融机构。目前该平台还处于测试阶段。

此外，纳斯达克还与区块链解决方案提供商 Chain 达成了合作，并且允许其内部专家能够公开谈论区块链技术。2016 年，纳斯达克继续延续着这样的势头。比如此前它就透露正在和爱沙尼亚的纳斯达克塔林证券交易所（Nasdaq OMX Tallinn Stock Exchange）合作进行一项实验，以期利用区块链技术减少股东投票方面的各种障碍。

交易即结算

证券交易市场可能是区块链和分布式账本技术的潜在发展机会最多的应用领域，但也是竞争最激烈的领域。在传统证券交易中，交易者发出交易指令后，指令需要依次经过证券经纪人、资产托管人、中央银行和中央登记机构这四大机构的处理，最终在登记机构得到确认和完成资金交割，这笔交易才算最后完成。

四大机构的交叉验证保证了数据的安全，资产和资金的所有权准确无误，但随之而来的弊端也很明显，整个流程效率低，成本高。如中国的 A 股、基金、债券、权证等交易的交收期为 T+1 日，B 股交易的交收期为 T+3 日。美国证券交易结算则为 T+3 日；在成本方面，咨询公司 Oliver Wyman 给 SWIFT 提供的研究报告预计全球清算行为成本约 50 亿~100 亿美元，结算成本、托管成本和担保物管理成本高达 400 亿~450 亿美元（390 亿美元为托管链的市场主体成本），而交易后流程数据及分析则花费 200 亿~250 亿美元。

2016 年 5 月，在高盛公司发布的一项有关区块链的报告中，研究了 7 个案例，其中一个即专注于美国股市。高盛公司认为，区块链技术可以简化交易后的结算和清算流程，从而显著提高美国股市的效率。通过减少重复且通常需要人工完成的核实工作，以及在买方客户、经纪商、交易商、信托/托管银行以及美国证券集中保管结算公司（DTCC）之间进行协调，区块链技术每年可以为美国节约 20 亿美元的成本。假设成本与市值成比例，则每年的全球资金节约可能超过 60 亿美元。

在处理和结算一笔交易之前，在客户、经纪人、DTCC 和信托银行之间进行人工确认和对账交易细节仍是必需的。目前，美国股票交易流程示意如图 8-2 所示。

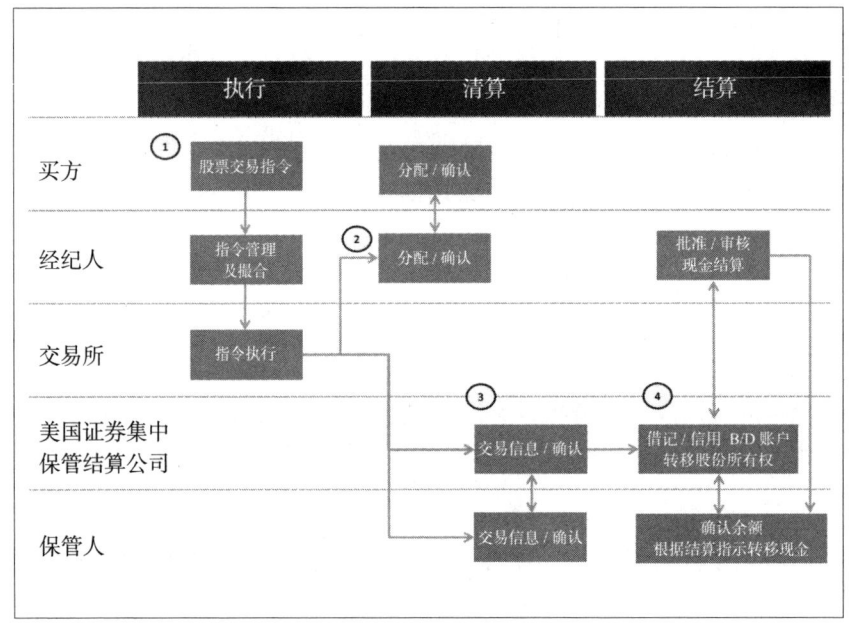

图 8-2　目前美国股票交易流程示意图

来源：高盛公司、DTCC

- 一笔交易，多个版本。当单笔交易涉及多个利益相关方时，这笔交易会被各方使用的多个不同的系统记录。这就带来了不确定性，一旦有人对交易细节提出异议，可能需要进行人工干预。

• 结算流程过长。虽然美国股票交易流程及其快捷，几乎用不了 1 秒钟，其结算流程却要花上 2 天时间，这就会限制资本的流动性。

• 账户信息／指令不断变动。随着时间的推移，账户信息和结算指令变化（新的账户开设或关闭，账户数量变化，托管人变化等）会导致信息陈旧化（尤其是标准结算指令），因而带来更多沟通需求和人工干预。

• 运营风险。在涉及交易结算时，机构会面临额外的运营风险，这种风险可以被基于区块链技术的交易预查杜绝。

区块链和分布式账本技术解决了该流程中最主要的两个难点，从而具备了以下两个优势。

一是具有简单、实时的清算系统。证券交易中买卖双方的交易数据能够打包进入区块链，使交易即清算，不需要额外的机构和时间来做清算的动作。而且区块链数据公开且不可撤销，利益相关方通过 API 实时提取最新的或是历史数据，自动结算和清算不再是难事。

二是脱媒降低成本，即使分布式账本无法达到去中心化的节点数量，数据维护通过各节点维护，无需建立造价高昂的数据中心，清除了大量做重复工作的中间环节，降低了成本。

北京阅想时代文化发展有限责任公司为中国人民大学出版社有限公司下属的商业新知事业部，致力于经管类优秀出版物（外版书为主）的策划及出版，主要涉及经济管理、金融、投资理财、心理学、成功励志、生活等出版领域，下设"阅想·商业""阅想·财富""阅想·新知""阅想·心理""阅想·生活"以及"阅想·人文"等多条产品线。致力于为国内商业人士提供涵盖先进、前沿的管理理念和思想的专业类图书和趋势类图书，同时也为满足商业人士的内心诉求，打造一系列提倡心理和生活健康的心理学图书和生活管理类图书。

阅想·商业

《数字货币时代：区块链技术的应用与未来》

- 一本用通俗易懂且诙谐的语言将数字货币的前世今生以及区块链技术讲明白、讲透彻的书。以比特币为代表的数字货币本身并不是什么颠覆性的创新，其背后的区块链技术才是游戏规则的颠覆者；
- 探索数字货币的起源，了解支付体系的历史，探索最有潜力触发又一次颠覆性革命浪潮的核心技术——区块链技术对金融领域、共享经济、物联网、医疗甚至政府角色产生的影响。

《凿开公司间的格栅：共享时代的联合办公》

- 随着科技和生活方式的改变，促使工作及创业正经历着工业革命以来前所未有的转型，适合创业者、自雇人群和新生代职场人工作需求的新型工作场所——联合办公空间在世界各国粲然崛起；
- 本书是中国联合办公领域第一家独角兽企业掌门人毛大庆倾心之作；
- 真格基金创始人徐小平、财经作家吴晓波、场景实验室创始人吴声、罗辑思维创始人罗振宇领衔推荐。

《精进：成为职场精英的 14 项修炼》

- 要想从芸芸众生中脱颖而出，成为人人艳羡的精英人士，建立起自己的权威和声誉，让客户趋之若鹜，商机接踵而至，唯一的捷径就是学习、学习再学习，不仅要学习如何提升专业技能，更要学习自我营销和个人品牌塑造的方法；
- 针对职场专业人士的 14 项精进修炼，助你在日趋标准化、同质化的职场环境中成功突围，进行有效的自我营销，塑造个人品牌，步入精英行列。

《对话最伟大的头脑：世界顶级 CEO 的工作智慧》

- 当今最受敬重的获奖财经记者之一、彭博电视台金牌主播、深受华尔街人士喜爱的《遇见大咖》节目（In the Loop）主持人贝蒂·刘的真诚力作；
- 近距离采访如沃伦·巴菲特、埃隆·马斯克、马克·扎克伯格等世界知名亿万富豪、CEO、政治家和名人，从而深刻揭示到底是什么决定了一个人的成功。

《精简：言简意赅的表达艺术》

- 在当下信息爆炸、注意力缺失的时代，人们迫切需要精简的表达和沟通方式，如果你想得到更多，就要说得更少；
- 企业管理者、营销人员、企业家以及所有想要成为一名精益沟通者的个人必读之作；
- 精简就是帮自己和他人节省时间和资源，并将省下来的时间和资源花费在美好的事情上。